계시의 한국

자유 · 독립 · 통일

계시의 한국

자유 · 독립 · 통일

현재鉉齋 김흥호金興浩

김흥호 사상전집 편집부 엮음
사색인서고문집

기독교는 서양문명 세계로 전도되면서
플라톤, 아리스토텔레스를 시작으로
희랍철학을 기독교 신학으로 만들고,
계속 세계적인 종교로 자라서 우리 한국에까지 왔다.
이제 기독교는 동양문명의 세계로 올 운명에 있다.
앞으로 기독교가 살기 위해서는
동양의 철학을 기독교 신학으로 만들어
동양 사람들을 먹이고 살려가야 한다.
앞으로 기독교가 살아서
무성한 숲을 이루어 온 세상을 덮고,
생명의 샘이 땅 끝까지 임하기 위해서는
한국의 기독교가 동양을 살려내는
세계적 기독교로 탈바꿈해야 할 것이다.

현재鉉齋 김흥호金興浩

프롤로그

계시啓示

1945년 8월 15일, 우리나라는 일본 제국주의 식민지로부터 해방이 되었다.

우리 동네는 평안남도 용강에서 떨어진 시루뫼(증악甑岳)라는 곳이었다. 8월 말경, 근방에 있는 여러 교회와 합동으로 해방 된 기념으로 감사부흥회를 한 주일 갖게 되었다. 장소는 우리 동네에서 5리 밖에 있는 노하리路下里 교회였다.

매일 저녁 감사예배가 일주일동안 계속되었다. 강사는 함종군咸從郡[1]에 있는 젊은 목사였다. 이 목사는 신앙심이 깊고 은혜스러워 이름이 널리 알려져 있었다. 나는 매일 저녁 동리 청년들과 같이 부흥회에 참석하였다. 시골교회라 일을 끝내고 저녁을 먹고 가면 예배는 8시나 9시가 되어 시작하고, 목사님의 열변이 터지기 시작하면 대개 10시나 11시가 되어야 끝이 났다. 목사님의 설교 내용은 우리나라를 해방시켜주신 분은 하나님이라는 것이 강조되었고, 목사님의 기도는 하나님께 깊은 감사를 드리는

---

1. 함종군咸從郡은 평안남도에 있던 군이다. 1908년 용강군과 증산군과 강서군에 분리 편입되어 폐지되었다. 행정구역으로는 평안남도 증산군 함종리에 해당한다.(위키백과 참고)

것이었다. 설교말씀은 꿀맛 같았다. 젊은이들은 매일 감동하여 돌아갔다.

어느덧 한주일이 지나가고 마지막 부흥회날인 토요일이 되었다. 부흥회가 밤늦게 끝나 동네 청년들과 함께 집으로 돌아오려고 하는데, 노하리 교회 장로인 김인호 선생님이 함종 목사가 내일 새벽에 떠나니 그와 같이 자고 새벽에 떠나라는 것이었다. 함종은 40리(16km) 거리에 있는 곳인데 그 교회의 오전 11시 예배를 인도하기 위하여 새벽에 떠나는 것이다. 어디나 걸어 다니는 시골길이라 10리를 걷는 데 한 시간은 잡아야 한다. 그날 저녁 나는 함종 목사님과 한 방에서 잤다. 자기 전에 그 목사님은 나에게 이런 이야기를 하였다. 그것은 진지한 말씀이었다.

1945년 4월 9일 새벽 3시에 예배당에 가서 기도하던 중 예배당에 빛이 들어와 한 벽면을 비추었다. 그 벽에는 한국지도가 나타나고 다음, 한반도를 절반 그은 선이 나타났다. 이어서 북쪽은 싸늘한 기운이 차고, 남쪽은 따뜻한 기운이 감돌면서 무궁화가 한 포기 자라나 꽃을 피우고, 그 꽃은 서편으로 기울어져 있었다. 이때 만주 북쪽에서 호랑이가 한 마리 무섭게 북한 땅으로 내려왔다. 북쪽에 있는 사람들은 호랑이에 쫓겨 남쪽으로 넘어가는데, 가운데 그어졌던 선은 성곽으로 변하여 자꾸 높아지고, 사람들은 그 성벽을 넘느라고 애를 쓰고 있었다.

이 광경은 순식간에 사라지고 암흑이 되었다.

얼마 있다가 또 빛이 비치었다. 다시 한국지도와 호랑이가 나타났고, 그 호랑이는 성곽을 넘어 남쪽으로 내려오기 시작했다. 많은 사람들이 남쪽으로 몰리고 바다로 뛰어드는 사람도 있었다. 그때 대만 북쪽바다에서 키가 큰 사람들 대여섯 명이 솟아나와 한국 서해안으로 상륙하여 호랑이를 몰아 북쪽 울타리 속에 가두어 버렸다.

또 다시 암흑이 덮여졌다. 그 후 또 한 번 빛이 비쳤다. 북쪽에서 호랑이가 다시 울타리를 넘어서 남쪽으로 내려왔다. 이때 남쪽에서 한 사람이 나타나 호랑이와 죽을힘을 다하여 싸웠다. 종래 호랑이가 쓰러지고 그 사람도 쓰러졌다. 그가 정신이 들어 깨어보니 많은 사람들이 태극기를 흔들면서 만세를 부르고 있었다.

이 그림을 본 함종 교회 목사님은 많은 기도를 했으나 알 수가 없었고, 일본의 핍박이 왜 북쪽에서 시작되어 남쪽으로 가는지 알 수가 없었다. 만주에 있는 일본관동군이 한국인을 살해하는 참사가 일어나지 않을까 하고 무서워한 것뿐이었다. 이 말을 할 때는 아직 38선은 없었고, 미군과 소련군이 진주하지도 않았다. 가을이 지나서야 38선이 막히고, 소련군이 진군했다. 소련군은 압록강 수풍발전소를 떼어가고², 쌀을 실어간다는 소문이 퍼

---

2. 수풍水豊댐은 압록강에 위치한 중력식 언제堰堤(보를 막은 둑)로 평안북도 삭주군과 중국 단둥시 장전長甸 사이에 위치하고 있다. 언제堰堤는 일본에 의해 1937년부터 1943년까지 건설되었으며, 한국전쟁 기간에는 국제연합군에 의해 세 차례 공습을 받

지고, 만나는 사람마다 시계를 빼앗겼다. 나도 시계를 빼앗겼다.

첫 번째 그림은 38선이 그어진다는 하나님의 계시임에 틀림이 없다. 그러나 당시 8월 말에는 38선 생각은 아무도 못했다. 일본군은 쫓겨가고, 소련군이 들어오고, 김일성이 나타나고 인민공화국이 되어 남쪽으로, 남쪽으로 피난민은 날로 늘어갔다.

일 년이 지나가고 다시 해가 바뀐 1947년 봄 학기가 끝나려고 하는 무렵, 함종 목사가 용강중학교 교장실로 나를 찾아왔다. 자기가 받은 계시가 확실해지고, 북한은 더 이상 살 수 없는 곳이니, 나에게 남쪽으로 내려가라는 것이었다. 자기는 교인들을 버리고 갈 수 없으니, 나만이라도 남쪽으로 가서 하나님의 계시를 알려주라는 것이었다.

그래서 그때 나는 공산당의 압력을 느끼던 중에 학교재단도 완성되었으니 교감 선생님에게 학교를 맡기고 여름에 남쪽으로 넘어왔다. 해주에서 밤에 물이 나가기를 기다려 안내인을 따라 바다 속으로 들어가 38선을 넘어 옹진으로 갔다. 거기서 다시 배를 타고 인천 해변에 도착했다. 그 곳에서부터 걸어서 서울로 갔다.

그러다가 1950년 6.25 전쟁이 터졌다. 전쟁이 나기 며칠 전에 서울시 사회국장으로 있던 박학전 목사에게도 나는 그 말을

왔다. 언제堰堤 준공 당시에는 아시아에서 가장 큰 언제였으며 후버 댐과 윌슨 댐에 이어서 세계에서 세 번째로 큰 수력발전소였다. 1947년에는 소련이 발전기를 약탈해 카자흐 SSR의 이르테쉬 강에 건설한 수력발전소로 옮겨졌다.(위키백과 참고)

하였다. 나는 1.4 후퇴 때 제주도로 피난을 갔는데 박학전 목사도 제주도에 내려와 만나게 되었다. 그는 전쟁나기 며칠 전에 내가 말한 그것이 이거라고, 이 전쟁이, 이게 보통일이 아니라고 서로 얘기했다.

그리고 오늘까지 50년이 지났는데도 아직 이렇게 제3막은 오지 않고 있다. 그렇게 때는 언제가 될지 전혀 모르는 것이다. 그때 내가 그 말을 듣고 느낀 것은, 역사를 주관하시는 이가 하나님이시다, 그것을 믿게 되었다. 역사를 주관하시는 이가 하나님이다. 우리 한국을 이렇게 해방시켜준 이는 하나님이다. 우리 한국의 역사를 하나님이 주관하고 계신다. 그러니까, 북쪽이니 남쪽이니 하나의 다 역사적인 사실인데 이것은 우연이 아니다. 한국의 역사는 하나님께서 주관하고 계신다.

그래서 나는 그때부터 한국에 대해 굉장한 희망을 갖게 되었다. 우리 한국은 보통나라가 아니다. 이 나라는 하나님께서 택하신 나라다. 나는, 유태 사람들이 자기네는 선민選民이라고 하는데 우리도 하나님의 선민이다, 하나님이 이렇게 택한 백성이다, 라는 것을 믿게 되었다. 그러니까 이 나라는 그냥 일본에 짓밟혀서 살던, 그 나라가 아니다. 이제는 우리가 새로 태어나 세계에 공헌할 수 있는 나라가 된다. 나는 한국에 대해서 굉장한 희망과 이상을 갖게 되었다.

세계의 주도국가가 16세기에는 이탈리아, 17세기에는 프랑스, 18세기에는 독일, 19세기에는 영국, 20세기에는 미국, 21세기에는 일본이었다가, 22세기에는 한국이 세계를 주도하게 된다. 나는 22세기에는 한국이 세계를 빛낼 그런 민족이 될 것이다, 라고 생각한다. 나는 이것에 대하여 여러 곳에다 글을 썼고, 설교할 때도 여러 번 말했다.

그러니까 우리가 오늘 사는 것이 단순히 그저 사는 것이 아니다. 앞으로 세계를 빛내기 위해서 한국 사람이 무엇인가 할 수 있게 될 것이다. 내가 자꾸 이렇게 성경과 고전을 공부하는 것도 우리가 무엇인가 하기 위한 준비이다. 우리가 무엇을 가지고 있는지는 모르지만 뭔가 아름다운 것, 좋은 것, 참된 것, 거룩한 것 등 인간의 가치, 이 가치를 가지고서 인류를 위해서 우리가 무엇이라도 할 수 있는 그런 존재가 이 한국이다.

한국이 세계를 위해서 뭔가 할 수 있도록 주관하시는 하나님이 계시다, 나는 그렇게 생각한다. 이 역사라는 것은 단순히 우연히 되는, 그런 것이 아니다. 어떤 섭리자에 의해서 어떤 형식으로 지금 발전해 나가고 있는 것이 역사다.[3]

---
3. 〈김흥호 회고록〉 원고로부터(미간행)

차례

프롤로그: 계시啓示 _ 8

제1장 역사 즉 신앙 _ 18

제2장 자유

  나라와 의義 _ 30
  원수를 사랑하라 _ 44
  민족의 꽃 _ 59

제3장 독립

  육이오 _ 74

제4장 통일

  통일의 어려움 _ 92

난산難産 _ 97

　　통일의 문제를 극복하려면 _ 100

제5장 자유 · 독립 · 통일

　　국가의식은 자유 · 독립 · 통일을 가지는 것 _ 114
　　한국 사람이 할 일 _ 120
　　나의 애국관 _ 132

에필로그: 하나님의 사랑 _ 150

출전 목록 _ 178
엮고 나서 _ 179

일러두기

1. 이 책은 현재鉉齋 김흥호金興浩 선생께서 생전에 해 오신 설교, 성경강독, 고전강의 중에서 우리나라 역사와 미래에 관련된 글들을 모은 것이다.
2. 이것은 1945년 8월 29일 선생께서 평안남도 함종 교회 목사로부터 들었던 〈한국의 미래에 관한 하나님의 계시〉가 중심으로 되어있다.
함종 목사가 이 계시를 본 날은 1945년 4월 9일이다.
선생께서는 1947년 월남한 이후 함종 목사가 말한 하나님의 계시를 세상에 알리려 무척 애를 쓰셨다. 선생은 교회에서, 강단에서, 글로써, 여러 통로를 통하여 기회만 되면 이 계시를 전하려고 하셨다.
3. 이 책은 선생의 그러한 노력을 집약해서 보여준다. 계시의 내용이 다소 중복되지만 그 계시를 통해 전하는 말씀이 각각 의미가 있기에 그대로 실었다.
4. 각 말씀하셨던 날짜와 장소를 제목 아래에 밝혔고,
글의 끝에는 출전을 밝혔다.
5. 각주는 편집자에 의한 것이다.

제1장 역사 즉 신앙

기독교 신앙의 독특한 점은
신앙이 곧 역사라는 것입니다.
그것을 모르면
기독교인이라고 할 수 없습니다.

역사 즉 신앙
1983년 6월 26일 이화여대 대학교회 주일예배 설교

로마서 4:1~25
"아브라함은 하나님을 믿었고, 하나님께서는 그의 믿음을 보시고
그를 올바른 사람으로 인정해 주셨다."
올바른 사람으로 인정하셨다는 말씀은 비단 아브라함만을 두고
하신 것이 아니라 우리를 두고 하신 말씀이기도 합니다.

오늘 설교 제목은 〈역사 즉 신앙〉인데 역사는 곧 신앙이라는 말입니다.
신앙을 가졌다는 것은 역사를 가졌다는 말과도 같습니다.
로마서 4장에는 아브라함의 신앙에 대해서 나옵니다. 아브라함은 역사를 가졌고, 역사를 믿었습니다. 기독교인 신앙의 독특한 점은 신앙이 곧 역사라는 것입니다. 그것을 모르면 기독교인이라고 할 수 없습니다.
역사는 사건 때문에 생깁니다. 사건이 없으면 역사는 없을 것

입니다. 8.15 사건, 3.1 사건, 이성계 사건, 임진왜란 사건, 모두가 다 사건입니다. 단군이 우리나라를 세운 것도 역시 하나의 사건이고, 프랑스 혁명도 하나의 사건입니다.

예수님께서 이 세상에 오셨던 것은 인류에게 가장 큰 사건이었습니다. 그래서 역사를 기록할 때 예수님이 난 해를 기원 1년으로 삼고 있습니다. 올해는 1983년이므로 이 인류에게 가장 큰 사건이 있었던 해는 1983년 전입니다. 6.25는 33년 전의 사건이고, 8.15는 38년 전에 일어난 사건인데, 그런 사건들이 없으면 역사는 성립되지 않습니다.

우리가 신앙을 가졌다는 것은 우리 생애 속에 사건을 가지는 것입니다. 우리 생애 속에 사건이 없으면 우리가 신앙을 가졌다고 할 수 없습니다.

그러면 이런 사건이란 어떤 것인가? 그것은 내가 다시 태어나는 사건입니다. 예수가 부활하듯이 내가 다시 태어나는 사건, 즉 '거듭나는 사건'이라고 할 수 있습니다. 이 사건이 없으면 내 생애라는 것은 역사가 되지 않습니다. 우리가 예수를 믿는다는 것은 내 생이 하나의 역사가 된다는 것입니다. 그래서 예수를 믿는다는 것이 얼마나 중요한지 모릅니다. 내 생애가 하나의 역사가 되지 않으면 그것은 예수를 믿는 것이 아닙니다.

로마서 4장에, 아브라함은 자기의 아들, 이삭이 죽을 운명에서 살아나는 것을 보았고, 자기 아내 사라의 죽었던 태에서 다시 새싹이 트는 것을 보았다고 했습니다. 모두 놀라운 사건이요, 하나님의 힘이요, 역사의 힘입니다. 기독교의 핵심은 부활입니다. 부활은 죽었다가 다시 사는 사건입니다. 아브라함의 믿음은 하나님의 힘을 믿는 것이며, 그 힘을 통해서 일어나는 역사와 사건을 믿었다는 것입니다. 더 쉽게 말하면 아브라함의 생애가 하나의 기적이요, 사건이며 역사인 것입니다. 그러므로 역사는 다분히 기독교적입니다.

기독교의 특징이 역사라고 했는데 그렇다면 우리의 신앙이 역사와 관계가 있어야 할 것입니다

봉건제도와 사대주의에 갇혀 꼼짝도 못하고 살던 다산 정약용은 기독교인이라고 해서 18년이나 유배생활을 했습니다. 그는 언젠가는 이 봉건제도가 깨져나가고 사대주의가 뿌리 뽑힐 날을 빌면서 자기의 안타까운 심정을 토로했습니다.

"안타깝다. 우리나라 사람들이여, 좁은 우리 속에만 갇혀 있구나. 삼 면은 바다로 둘러싸이고, 북쪽은 높은 산이 사지를 꼬부리고 누워 있으니 큰 뜻을 언제나 펴볼 수 있으랴. 성현聖賢은 아직도 만 리 밖에 있으니 누가 능히 이 어둠을 밝혀 주리요."

성현聖賢이란 말은 '예수'라는 말입니다. 그 당시에는 예수라고 쓸 수가 없었으니까 '성현'이라고 했을 것입니다.

"머리 들고 온 누리 바라보아도 보이는 것은 안개만 가득할 뿐이로다. 남 섬겨 흉내 내기 급급하다가 제 정신 차려 만들 틈

이 없구나. 어리석은 무리들은 천자 하나 떠받들고, 고함질러 모두 같이 절을 하잔다."

이는 독재요, 전제군주를 비판한 말입니다.

"도리어 순박하던 단군시대에 내가 태어났더라면 꾸밈없는 그 시절이 얼마나 좋았을까."

다산은 말세에 태어난 것을 분하게 생각했는지도 모릅니다. 그러나 이제 이 나라에 봉건주의는 가고, 사대주의는 찾으려야 찾을 수가 없습니다. 나는 이에 대해 이렇게 말하고 싶습니다.

"다산이 백 년을 더 늦게 태어났더라면 오늘의 이 나라를 얼마나 대견스레 생각했으랴. 봉건주의 무덤 헤쳐 자유의 싹이 트고, 사대의 구름 헤치고 민주의 빛이 밝다. 내가 빛이고 싹이니 겨울인들 오래 갈까. 우리의 봄은 오고 있다. 16세기 이탈리아에 온 봄이 17세기 불란서를 거쳐, 18세기는 독일이 차지하여 꽃을 피우고, 19세기는 영국이 차지하여 온 땅 위에 해지는 그림자를 보지 못하더니, 20세기는 미국이 차지하고, 21세기는 일본이 받아가져 해를 돋운다. 22세기는 우리 한국의 시대로 세계에서 가장 훌륭한 나라가 될 것이다."

이것이 나의 믿음입니다. 아브라함이 믿었던 그 믿음, 그게 나의 믿음입니다. 난 그때는 한국의 서울은 여기가 아니라고 생각합니다. 고구려 시대의 서울, 지금은 남의 땅처럼 생각하는 만주, 거기가 우리의 본토입니다. 봉천, 지금은 심양이라는 부근이 우리의 서울이 될 것입니다. 고구려왕들의 무덤도 그곳에 많이 있습니다. 광개토왕비도 그곳에 있습니다. 그곳에 가야 거기가 우리의 땅입니다. 우리는 지금 안방도, 건넌방도 세를 주고, 문간방에 와서 살고 있습니다. 우리가 조금 넉넉해지면 문간방을 나와서 건넌방, 안방으로 들어가게 될 것입니다. 그게 22세기에 이루어질 것이라고 생각합니다. 난 그걸 확실히 믿습니다. 그걸 안 믿으면 난 기독교인이 아닙니다. 그걸 믿기 때문에 나는 기독교인입니다.

나는 우리나라에 대해서 상당한 희망을 갖고 있습니다.
유태 사람들은 언젠가는 자기들의 본향으로 돌아갈 것을 믿었습니다. 주후 70년에 팔레스타인을 떠나온 그들은 1900년 후가 되어서야 다시 돌아갔습니다. 그래서 죽을 결심을 하고 지금 지키는 것입니다. 그들은 아브라함의 약속을 믿기 때문입니다. 반드시 그 땅을 차지해서 이 세상에서 가장 아름다운 나라로 만들어 하나님의 뜻을 온 세계에 편다는 것이 그들의 믿음입니다.
유태 사람들의 믿음은 팔레스타인으로 돌아가는 것이고, 나의 믿음은 우리 고국으로 돌아가는 것입니다. 고구려의 옛 땅으로 돌아가는 것입니다. 고구려의 옛 땅이 우리의 본토입니다. 이것을 가장 주장했던 사람이 도산 안창호입니다. 도산 선생의 전기를 읽어보면 그 말이 나옵니다. 우리는 우리 고구려를 되찾아야 합니다. 또 우리의 망명 정부를 세울 때도 하와이나 로스앤젤레스가 아니고 망명기지를 만주, 우리의 안방에서 그 건국 기초를 마련해야 한다고 주장했던 사람이 도산 안창호입니다. 난 도산의 생각이 정말 그럴듯하다고 생각합니다.

우리도 우리의 본토로 돌아가야 합니다. 그때 우리의 국경은 중국과 소련이 될 것입니다.[1] 흑룡강이 우리의 국경입니다. 우리는 본래 몽고족입니다. 거기서 이쪽 동부로 와서 산 사람들입니다. 우리가 우리 땅을 회복하기 전에는 우리는 현대국가를 이룩할 수가 없습니다. 만주에는 무진장의 광물이 숨겨져 있습니다. 현대국가를 이룩할 과학의 자원이 얼마든지 있습니다. 이제 그 땅이 꼭 우리의 것이 될 것입니다.

이렇게 22세기에는 한국의 시대가 올 것입니다.

"한글이 춤을 추고, 말씀으로 목숨 길러 참뜻 이루어질 때 봄바람은 물 위에 불어 살랑살랑 흔드네. 뱃머리를 돌이켜 키를 잡아, 강 언덕을 떠나서 흐르는 물여울 소리에 노 젓는 소리 안 들린다. 강가에는 벌써 푸른 잎이 물 위에 떠돌고 강변에는 실버들이 노랗게 피어났네. 점점 서울이 가까워 보이니 삼각산 높은 바위가 춤을 추누나."

이렇게 다산이 썼습니다.

---

[1] 이 설교를 할 당시는 러시아가 아니고 소련이었다. "소련은 1991년 12월 26일 고르바초프의 소련 해체 선언 연설과 함께 붉은 광장 게양대의 소련 국기가 내려가고 러시아 삼색기가 올라가면서 공식적으로 저녁 7시(모스크바 시간)에 해체되었다. 이후 곧바로 소련의 공화국 15개가 독립하였다. 소련의 붕괴로 결국 냉전이 종료된다."(위키백과)

6.25라는 사건도 그저 생긴 것이 아닙니다. 미국과 소련이라는 군사적 대결 때문에 생긴 것입니다. 결국 그것은 세계적인 문제이지 우리의 책임이 아닙니다. 세계적인 이유로 38선과 휴전선이 생겨난 것이지, 우리가 만든 것이 아닙니다. 우리는 지금 세계역사 속에 들어가 있습니다. 그것은 우리 한국이 세계적인 한국으로 되기 위해서 그렇게 된 것입니다.

　1945년, 지금부터 38년 전 8.15에 해방이 되었는데, 나는 해방 전에 일본에 있었습니다. 8월 6일과 9일, 일본에 원자탄이 히로시마와 나가사키에 떨어졌습니다. 그때 충격이 클까봐 신문에는 기사화하지 않고 그저 괴이한 폭탄이 터졌다고만 냈기에 사람들은 웬만큼 큰 폭탄이 터졌구나 하고 상상만 했습니다. 나는 8월 15일에 히로시마를 지나가게 되었는데, 사람들이 19만 명이 죽었다고 들었습니다. 도시엔 정말 아무것도 없었습니다. 동경에 B29가 그렇게 많이 폭격을 해도 전신주라든지 그밖에 무엇이 있기는 있었는데, 그곳에는 아무것도 남아 있지 않았습니다. 그곳에서 10리, 20리 떨어진 곳의 집들도 남향으로 되어 있던 것이 동향으로 돌아섰다고 합니다. 60킬로그램의 원자탄이었다고 하는데, 그게 그렇게 무서운 것인지 우리는 상상조차 못했습니다.

　히로시마를 지나서 8월 18일에 평양에 도착했습니다. 북으로 가는 기차 안에는 만주로 들어가는 일본 군인들이 계속 밀려

들고 있었습니다. 군인들은 아직도 계속 북쪽으로 가고 있었습니다.

평양에 도착해서 제일 먼저 찾아간 사람이 조만식 선생이었습니다. 그리고는 평양에서 120리 떨어진 우리 집으로 갔습니다. 집은 텅 비어있었습니다. 나는 우리 교회를 찾아갔습니다. 우리 교회는 아주 작은 시골 교회였습니다. 모두들 반가워하면서 해방은 미국이 시켜준 것도 아니고, 소련이 시켜준 것도 아니고, 하나님께서 주신 것이라고 했습니다. 정말 8.15라는 역사적인 사건은 그저 하나님께서 우리에게 주신 것입니다. 로마서 4장을 보면 은혜를 받았다는 말이 거듭 나오는데 정말 한국이라는 나라가 은혜를 받은 것입니다. 교인들은 너무 감격해서 교회에서 특별집회를 하자고 제의했습니다. 그러나 그 당시에는 웬만한 목사들은 다 잡혀가고, 숨어있고 해서 목사를 모셔오기가 여간 힘든 일이 아니었습니다. 그러던 중 우리 마을에서 십 리 떨어진 마을인 노하리 교회에서 부흥회를 시작했다는 소문을 들었습니다. 그 교회에 오신 목사를 우리 교회에도 모셔와야겠다고 생각하고 나도 그 부흥회에 참석하기로 했습니다. 그래서 그 교회를 1주일 동안 다녔습니다.

마지막 날이 되었습니다. 부흥회가 12시 넘어서 끝났기 때문에 서둘러 돌아오려고 했는데 목사님이 나에게 자고 가라고 권하여, 나는 김인호 장로님 집에서 그날 밤을 자게 되었습니다. 그 때 목사님은 나에게 이런 말을 하였습니다. 자기는 언제나 하나님께, 한국을 버리시지 말고 다시 살려주십사 하는 내용의 기도를 하고 있다고 했습니다. 그때는 한국의 크리스천이라면 다 그런 기도를 드리지 않을 수 없었습니다. 죽어버린 한국을 다시 살게 해달라고 기도했습니다. 부활을 위한 기도였습니다.

그 목사님이 1945년 4월 9일 여느 때와 마찬가지로 새벽기도를 드리는데 비몽사몽간에 교회 한쪽 벽면에 빛이 환하게 비치더니 우리 한반도의 지도가 나타나면서 가운데 선 하나가 그어졌다고 했습니다. 밑은 따뜻한 분위기요, 위는 싸늘한 분위기가 되더니 밑에서는 무궁화 한 송이가 피어나 서쪽으로 기울어지고 있었고, 북쪽 시베리아에서는 호랑이 한 마리가 내려오는 것이 보였습니다. 그 호랑이 바람에 그만 영상은 사라지고 그는 깨어나고 말았습니다. 그것이 꿈인지 무엇인지 알 수는 없지만 하나님께서 주신 계시라고 생각했습니다.

또 엎드려서 기도를 하는데 다시 그림이 나타났습니다. 마치 바울 선생이 기도하다가 삼층천에 올라갔다고 하듯이 이번에도 벽면에 한반도의 지도가 나타나고 그 그어졌던 선이 더욱 뚜렷해지고 만리장성같이 높아졌는데 북쪽의 호랑이가 조금씩 내려와 드디어 압록강을 건너 내려오자 북쪽 사람들이 그 벽을 넘으려고 막 애를 쓰는 것이 보였습니다. 결국 호랑이는 그 벽을 넘어서고 말았고, 북쪽 사람들이 앞을 다투어 남쪽으로 밀려 내려갔는데 그때 대만 북쪽 남지나해 근방에서 큰 사람들 7, 8명이 물 위에 쑥 나타나더니 한반도로 올라와서는 그 호랑이를 차츰 몰아서 북쪽으로 쫓아 큰 우리 속에 가두더라고 했습니다.

꿈에서 깨어난 그때는 그것이 뭔지 잘 몰라서 계속 기도를 하는데 또 꿈을 꾸게 되었습니다. 갇혀 있던 호랑이가 다시 뛰어 나와서 남을 향해 내려오기에 있는 힘을 다해서 그 호랑이와 싸웠더니 마침내 그 호랑이는 쓰러지고 말았다고 합니다. 그도 너무 지쳐서 쓰러졌는데 눈을 떠보니 많은 사람들이 태극기를 흔들면서 만세를 부르고 있었다고 했습니다.

이처럼 세 꿈을 꾸었는데 그때는 아직 38선이 막히기 전이라서 아무리 생각해도 그것이 무얼 의미하는지 몰라 나에게 그 꿈에 대해 묻는 것이었습니다. 그 당시에는 우리 면에서 대학에 다닌 사람은 나 혼자뿐이었고, 대학에 다니면 그런 꿈도 다 아는 줄 알고 나에게 해석을 부탁했던 것입니다. 그 후 몇 달이 지나 정말 38선이 한반도 중간을 막았습니다. 그때 나는 용강에서 중고등학교 교장을 하고 있었습니다. 그 목사님이 찾아와 어떻게 하겠냐고 묻기에 남으로 내려가겠다고 하였더니, 자기는 끝까지 여기에 남아있겠다고 했습니다. 나는 이남으로 넘어와서 이 말을 여러 번 했습니다.

6.25 사건도 우연이 아닙니다. 이것은 하나의 역사입니다. 우리 역사에 하나님의 힘이 움직이고 있는 것을 느낍니다. 우리 역사는 단순한 정치사가 아닙니다. 이 역사를 통해서 하나님의 크

신 뜻이 이루어지리라고 생각합니다.²

2　김홍호, 『영원을 사는 사람』, 〈김홍호 사상 전집·기독교 설교집 6〉(서울: 사색출판사, 2009), 104~15쪽

제2장 자유

국가야말로
인간이 만들 수 있는
최고의 예술작품입니다.

나라와 의義
1980년 3월 2일 이화여대 대학교회 주일예배 설교

마태복음 6:25~34
너희는 먼저 하나님의 나라와 하나님께서 의롭게 여기시는 것을 구하라. 그러면 이 모든 것도 곁들여 받게 될 것이다.

오늘은 3.1절 기념예배이므로 작년에 김동길 선생님이 번역한 「독립선언서」를 읽겠습니다.

독립선언서

우리는 여기에 우리 조선이 독립된 나라인 것과 조선 사람이 자주하는 국민인 것을 선언합니다. 이것으로써 세계 모든 나라에 알려 인류가 평등하다는 큰 뜻을 밝히며, 이것으로써 자손만대에 일러 겨레가 스스로 존재하는 마땅한 권리를 영원히 누리도록 합니다.

반만 년 역사의 권위를 의지하고 이것을 선언하는 터이며, 2천만

민중의 충성을 모아 이것을 널리 알리는 터이며, 겨레의 한결같은 자유 발전을 위하여 이것을 주장하는 터이며, 사람 된 양심의 발로로 말미암은 세계 개조의 큰 기운에 순응해 나가기 위하여 이것을 드러내는 터이니, 이는 하늘의 명령이며, 시대의 대세이며, 온 인류가 더불어 같이 살아갈 권리의 정당한 발동이므로 하늘 아래 그 무엇도 이것을 막고 누르지 못할 것입니다.

낡은 시대의 유물인 침략주의, 강권주의에 희생을 당하여, 역사 있은 지 여러 천 년에, 처음으로 다른 민족에게 억눌려 고통을 겪은 지 이제 10년이 됩니다. 우리가 생존권마저 빼앗긴 일이 무릇 얼마며, 정신의 발전에 지장을 입은 일이 무릇 얼마며, 겨레의 존엄성이 손상된 일이 무릇 얼마며, 새롭고 날카로운 기백과 독창성을 가지고 세계 문화의 큰 물결에 이바지할 기회를 잃은 일이 무릇 얼마입니까.

오! 예로부터의 억울함을 풀어보려면, 지금의 괴로움을 벗어나려면, 앞으로의 두려움을 없이 하려면, 겨레의 양심과 나라의 도의가 짓눌려 시든 것을 다시 살려 키우려면, 사람마다 제 인격을 옳게 가꾸어 나가려면, 불쌍한 아들딸에게 부끄러운 유산을 물려주지 않으려면, 자자손손이 길이 완전한 행복을 누리게 하려면, 우선 급한 일이 겨레의 독립인 것을 뚜렷하게 하려는 것입니다.

2천만 각자가 사람마다 마음속에 칼날을 품으니, 인류의 공통된 성품과 시대의 양심이 정의의 군대가 되고, 인륜과 도덕이 무기가 되어 우리를 지켜주는 오늘, 우리가 나아가 이것을 얻고자 하는데 어떤 힘인들 꺾지 못하며, 물러서 계획을 세우는데 무슨 뜻인들 펴지 못하겠습니까.

이제 읽은 것까지가 절반인데 지금 읽은 것보다 조금 더 긴 것이 또 있고, 마지막에 공약 3장이라고 해서 3조목이 있습니다. 제가 지금 읽은 것은 3절을 읽었는데 이것이 전반부에 해당하고, 그다음의 3절이 후반부에 해당합니다. 그리고 마지막에 공약이 3개가 있으니까 전부를 다 합치면 3·3·3, 9로 구성되어있습니다. 3·3이라는 게 많이 들어가 있어서 대표를 뽑을 때도 33인을 뽑았습니다. 그 대표 33인을 보면 16명이 기독교인이고, 15명이 천도교인이고, 2명이 불교인입니다. 불교에서 2명이 나왔고 나머지 31인은 기독교인과 천도교인입니다.

여러분도 아시다시피 2월 8일에 동경에서 학생들이 먼저 데모를 했습니다. 그리고 국내에 있는 기독교인 학생들이 데모를 하려고 준비하다가 독립운동을 같이 하자는 어른들의 제의에 결국 함께 하게 되었는데, 물론 시작은 천도교에서 했습니다. 맨 처음에 '조선민족 대표 손병희'라는 말이 나오잖습니까. 의암 손병희 선생이 시작을 했습니다. 그러나 나중에 거의 막다른 골목에 가서 조금 흔들릴 때도 있었습니다.

그때 기독교의 대표는 남강 이승훈 선생이었습니다. 이승훈 선생은 평북 오산학교의 설립자이십니다. 이승훈 선생이 설립을 하고 초대 교장을 했는데, 그다음 교장이 조만식 선생이었고, 그다음이, 함석헌 선생이 늘 자기 선생님, 선생님 하는 유영모 선생이란 분이었습니다. 유영모 선생이 교장일 때 함석헌 선생이 4학년 학생이었고, 춘원 이광수 선생도 거기서 학생들을 가르쳤습니다.

오산학교의 초대 교장이고 장로이던 남강 이승훈 선생이 기독교를 대표하여 주동이 되었습니다. 천도교가 조금 흔들릴 때 남강 선생이 손병희 선생을 찾아가서 "만일 천도교가 하지 않으면 우리 기독교 단독으로라도 하겠다"는 말을 해서 기운을 좀 낸 때가 있었습니다. 그러니까 시작은 천도교에서 했지만 그 주동적인 역할은 기독교에서 했다고 보아야 할 것입니다.

천도교의 대표는 손병희 선생이지만 실제로 일한 사람은 최린 선생이었습니다. 이승훈 선생이 만나서 같이 일한 분은 늘 최린 선생이었다고 합니다.

불교계의 대표는 만해 한용운 선생이었는데 공약 3장이 한용운 선생의 글이라는 것은 우리가 대개 알고 있습니다.

「독립선언서」에서 이제 읽었던 부분이 천도교의 내용이고, 다음 시간에 이야기하려는 후반부가 기독교의 내용이고, 그리고 마지막의 공약 3장은 불교적 내용이라고 볼 수 있습니다. 독립선언서를 전체적으로 나누면, 지금 말한 바와 같습니다.

오늘은 천도교적인 내용을 말하고, 다음 시간에는 기독교적인 내용을 말하고, 한 시간 더 불교적인 내용을 해야 될 텐데 교회에서 불교적인 것을 해도 되는지를 몰라서 그것은 생략하려 합니다.

천도교적인 내용이란 별것이 아니라 이 한마디입니다. 최남선 씨가 문장가여서 수식을 하고 수식을 해서 아름답게 길게 썼지만 사실 말하고자 하는 것은 첫 한 줄입니다. 즉 '그 나라와 그 의義'라는 마태복음 6장 33절 말씀입니다. 마태복음 6장은 오늘도 읽고, 이전 주일날도 읽었고, 그 전전 주일날도 또 읽었습니다. 그래서 이번엔 다른 것을 읽을까 생각했는데, 그래도 읽어야지 어떻게 하겠습니까. '그 나라와 그 의'에서 '그'는 물론 하나님입니다. '하나님 나라와 하나님의 의'입니다. 그런데 천도교에서 나올 때는 '그' 자가 빠진 '나라와 의'를 뜻합니다.

이승훈 선생이 그 당시의 기독교의 지도자들한테 우리도 참여하자고 제의했을 때 반대하는 사람들이 참 많았습니다. 그들이 반대하는 이유는 "우리는 '그 나라와 그 의'를 구하면 되지, '나라와 의'를 문제 삼을 필요가 없지 않은가"였습니다. 그러자 이승훈 선생이 "'나라와 의'도 없는데 '그 나라와 그 의'가 어디 있는가"라고 야단을 치자, 다들 아무 말도 못하고 그를 따라서 3.1 운동을 하게 된 것입니다. 이승훈 선생의 "'나라와 의'도 없는데 '그 나라와 그 의'가 어디 있느냐"라는 말은 아주 유명한 말입니다. 우리는 오늘 이것을 생각해봐야 하겠습니다.

천도교의 내용은 '나라와 의'라는 것인데, 이것을 천도교식으로 말하면 '보국안민輔國安民'이란 말입니다. 보호한다는 보輔와 나라 국國, 편안할 안安 자와 백성 민民 자를 쓰는데 보국안민의 내용은 바로 독립선언서의 첫 줄에 나옵니다. '국가의 독립과 민족의 자주'가 그것입니다. "우리는 여기에 우리 조선이 독립된 나라인 것과 조선 사람이 자주하는 국민인 것을 선언합니다." 여기 '국민'이라고 했는데, 원문엔 민족이라고 되어 있습니다.

그러면, '나라'란 무엇인가. 나라는 독립을 해야 나라라고 할 수 있습니다. 독립을 못했는데 나라라고 할 것이 있습니까. 독립한 것을 나라라고 하면, 국민의 ―겨레라고 해도 좋은데― 의義란 자주自主하는 것을 가리킵니다. 성경에 보면 믿음으로 의로움을 얻는다고 했는데, 그 말은 믿음으로써 자주하는 사람이 된다는 것입니다.

자주란 자기가 자기를 지배할 수 있다는 말입니다. 내가 나의 주인이란 말입니다. 만약 자기가 자기의 주인 노릇을 하지 못하면 그것이 사람이겠습니까. 자기의 주인 노릇을 할 수 있고, 자기 일은 자기가 할 수 있는 사람들이 겨레요 국민이지, 그것을 못해서 남한테 질질 끌려 다니며 이래라 저래라 시키는 것을 해야 되는 사람은 소나 말이지 사람이라고 할 수 없잖습니까. 사람이라면 그래도 자기 일은 자기가 할 줄 알아야 합니다. 의義라고 하면 자주自主할 줄 아는 것, 자기가 자신의 주인 될 수 있는 것이 의義입니다.

또 '나라'라고 하면 자기 발로 자기가 선 것이 나라입니다. 그래서 마지막에도 그런 게 있습니다. 최남선이 그랬나요? "아, 이제 우리가 이렇게 하면 윌슨의 '민족자결주의'가 있으니까 외국인들이 꼭 우리를 도와줄 겁니다." 이 말을 듣고 손병희 선생이

막 야단을 쳤답니다. "아직도 너희 머릿속에는 외국 사람의 도움을 받을 생각뿐인가. 그러면서 무슨 독립을 하겠다는 것인가. 하려면 우리가 하고, 우리가 서는 것이지, 외국 사람의 도움이야 있건 없건 우리가 하는 것이지"라고. 마지막까지 제 힘으로 서야 하지, 무슨 외국 사람이 돕긴 뭘 돕겠습니까.

그리고 마지막에, 누가 선언을 먼저 하느냐. 누가 도장을 먼저 찍을 것인가. 우리 기독교에서 먼저 찍을 것인가. 천도교에서 먼저 찍을 것인가. 이런 것이 문제가 되자, 이승훈 장로가 "이거 뭐 살자는 것인 줄 아느냐. 이것도 감투라고 생각하느냐. 우리가 감투 쓰자고 이러는 것이 아니다. 여태껏 우리가 감투 쓰자고 다투다가 망한 것이 아닌가. 지금 이것은 우리가 감투 쓰자는 것이 아니고 죽자는 것이다. 우리 33인은 다 죽는 건데 죽을 때 먼저 죽으면 어떻고, 나중에 죽으면 어떤가. 의암 손병희 선생 먼저 찍으세요." 그래서 의암이 먼저 찍었습니다. 그러니까 이승훈 선생 같은 이한테는, 그들의 결의는 죽음을 각오하고 하자는 것이었습니다.

우리 33인이 죽으면 그 가족을 어떻게 할 것인가 하여, 이승훈 장로가 손병희 선생과 의논한즉 "우리가 죽으면 다만 몇 해라도 가족들에게 쌀이라도 대어줘야 할 게 아닌가" 하면서 손병희 선생이 이승훈 장로에게 5만 원을 주었다고 합니다. 그 당시 5만 원이면 잘은 모르겠지만 요새 돈으로 5억 원 정도 준 것이 됩니다. 이 돈으로 "33인의 가족들이 당분간이라도 살 수 있도록 하라"고 했답니다.

　그 사람들의 생각은 다 죽을 각오를 하고 한 것이지 나중에 감투 쓰자는 것이 아닙니다. 그러니까 이 '나라와 의'란 '독립된 나라와 자주하는 국민', 즉 '독립과 자주'를 뜻합니다. 그런데 나중에 천도교인은 "천도교인끼리 하자", 기독교인은 "기독교인끼리 하자"는 문제도 있었지만, 이승훈, 손병희 두 분께서 "안 된다. 같이 해야 된다"고 말렸습니다.

　천도교를 시작한 최수운 선생이 목 베여 죽임을 당했는데 그때 그분 나이가 41세였습니다. 41세면 한창 나이 아닙니까. 그런데 죽을 때 기독교인으로 몰려 죽었으며 그 당시 사람들은 최수운을 다 기독교인으로 알았다고 하니, 그런 것을 보면 최수운이 얼마나 기독교적이었는가 알 수 있습니다.

　최수운의 가장 중요한 사실은 하나님과 만나는 자리인데 그때 최수운이 묻는 첫마디가 "기독교를 가지고 이 나라를 구원하리까" 하였답니다. 최수운이란 사람이 기독교를 얼마나 파고들었던가를 알 수 있습니다. 최수운은 기독교의 핵심을 임마누엘이라고 보았습니다.

　마태복음 1장 23절 "하나님이 우리와 함께 계신다." 기독교의 핵심은 임마누엘입니다. 그래서 천도교에서 늘 외우는 글이 "지기금지 원위대강至氣今至 願爲大降" — 기독교식으로 말하면 "성령이여, 강림하사"라는 말입니다. 그다음 말은 시천주侍天主입니다.

그때 기독교가 들어와서 하나님을 천주라고 했는데, 즉 천주교란 말입니다.

그때는 아직 프로테스탄트는 들어오지 않았고 천주교가 들어왔을 때인데, 천주교가 들어와서 하나님을 천주님이라고 했습니다. 그러니까 임마누엘을 최수운은 시천주侍天主라고 번역했습니다. 하나님을 모신다는 것입니다. 이 사람들의 맨 처음 나오는 말이 시천주인데 그것이 임마누엘이란 말입니다. 그다음에 조화정造化定이라든가, 영세불망永世不忘 만사지萬事知라든가 하는 말이 또 있는데 가장 핵심은 시천주란 말입니다.

그러면 왜 이 사람이 기독교도가 되지 못했나. 그것은 그 당시의 천주교가 세 가지 약점을 갖고 있었기 때문입니다. 세 가지 약점이란 첫째, 가톨릭은 국가의식이 없다는 것입니다. 가톨릭에는 교황이 있고, 그 밑에 다 있습니다. 국가의식이 없습니다. 그러니까 소위 이 국가의식을 가지고 나오는 게 프로테스탄트 아니겠습니까. 가톨릭이란 세계 공동교회지요. 유니버설 한 것입니다.

거기에 대해서 루터가 "나는 예수를 믿어도 독일 사람으로서 믿겠다"고 했습니다. 그전까지는 성경을 본다 하면 라틴어로 보았지 독일어가 어디 있었습니까. 루터가 맨 처음 한 일은 성경을 독일어로 번역하는 것이었고, 루터를 도와준 사람들도 독일의 정치인들이었습니다. 독일의 권력자들이 싸고 돈 것입니다. 그렇지 않으면 루터가 맞아 죽었지 어디 견디었겠습니까. 그러니까 이

프로테스탄트 속에는 국가의식이 있습니다. 그때 가톨릭이 들어왔을 때 '어떻게 하면 이 나라를 구원하나'인데 가톨릭에는 나라와 국가의식이 없다는 것입니다.

둘째, 가톨릭 선교사들이 타고 온 배가 소위 동양을 침략하는 침략선이었다는 것입니다. 그러니까 천사와 악마가 같이 타고 왔다는 말도 우리가 하고 있잖습니까. 배를 타고 온 사람들이 한쪽에선 사람들을 죽이고, 한쪽에선 전도하는 것이었습니다. 그러니까 어떻게 예수를 믿으면서 침략자가 될 수 있는가 하며 최수운은 도저히 이해할 수가 없었습니다.

셋째, 가톨릭은 한국의 전통을 무시한다는 것입니다. 종교가 들어와서 뿌리를 박으려면 그 나라 전통에 뿌리를 박아야지 이 전통을 무시하면 말이 되겠느냐. 그래서 최수운은 도저히 천주교도가 될 수 없었고, 우리 전통과 우리 국가와 우리의 생각으로 복음을 받아들일 수는 없을까 해서, 주체의식을 가지고 복음을 받아들인 것이 천도교였습니다.

그런데 이 천도교가 마지막에는 자꾸 나뉘고, 일본 사람들의 탄압으로 인해서 거의가 계룡산으로 들어가게 되었습니다. 나중에는 거의 유사종교가 되어 백백교가 나오고 별게 다 나왔습니다. 그렇게 돼서 우리가 많은 동정을 하기는 하지만, 본래 천도교를 시작한 최수운의 생각은 참 똑똑한 것이었습니다. 정말 어떻게 하면 나라를 구하나, 그 생각을 가지고 나온 사람입니다.

이걸 한마디로 하면 '나라와 의라는 것이 무엇인가'입니다.

예술을 한번 생각해 봅시다. 음악도 좋고, 미술도 좋고, 무용도 좋고, 문학도 좋고, 그런 것을 다 합친 것을 연극이라고 한번 가정해 봅시다. 아주 아름다운 극장에서 좋은 배우들이 나와서 연극을 하고 많은 사람들이 연극을 본다고 할 때, 그 연극을 만드는 사람들이 있어야 되겠지요. 극작가가 연극을 만듭니다. 시대와 장소와 배경을 자기 마음대로 만드는 것입니다. 어떤 극작가는 한꺼번에 여러 연극을 만들 수도 있다고 합니다. 연극이 아니라 소설도 마찬가지입니다.

옛날 중학교 때 들은 이야기인데 찰스 디킨즈라는 작가는 장편소설을 한꺼번에 여덟 편인가 다섯 편인가를 쓰면서도, 그 소설들이 각각 특색 있고 같은 데가 하나도 없었다고 합니다. 그 말이 뭘 뜻하는가 하면 그 작가는 세계를 창조해가고 있다는 것입니다. 그래서 작가란 창조주 하나님과 비슷한 데가 있습니다.

연극을 하려면 연출가가 있어야 하고, 명배우가 있어야 하는데, 명배우란 거지 역을 맡으면 거지 역을 멋지게 할 수 있고, 왕 역을 맡으면 왕의 역을 또 멋지게 할 수 있고, 무엇이든 맡겨지는 역을 다 잘 할 수 있는 사람입니다. 만약 어떤 사람이 왕만 하고 다른 역할은 통 못한다면 명배우라고 할 수 없습니다. 배우의 특징은 무엇을 맡겨도 능히 해낼 수 있다는 것입니다. 그게 인카네이션(化身, incarnation)이란 것이지요. 말씀이 육신이 되었다는 것입니다.

그러니까 왕의 탈을 씌우면 왕이 되고, 거지의 탈을 쓰면 거지가 되고, 무엇이든지 하라고 하면 멋있게 해 냅니다. 왕이 되었다고 뽐낼 것도 없고, 거지가 되었다고 창피할 것도 없습니다. 그게 하나의 역役이니까요. 연극에선 거지면 거지로서 멋있게 하면 되고, 대통령이면 대통령으로서 멋있게 하면 되는 것이지, 대통령이 되어서도 시시하게 한다든가, 거지가 되어서도 시시하게 한다든가 하면 안 되는 것입니다.

그러니까 언제나 탈(가면)하고 나하고는 떨어져 있어야 합니다. 집에 오면 나이고, 무대에선 대통령이 되어야 합니다. 마스크란 페르소나(persona), 본래 탈이란 말입니다. 능히 벗으면 벗을 수 있는 것을 탈이라고 합니다. 우리가 그리스도를 사람이면서 신이라 합니다. 사람의 탈을 쓰면 사람이 되고, 벗으면 신이지요. 여기에 인카네이션이라고 하는 깊은 뜻이 있습니다.

또 우리에게 가장 가까운 연극이 제일 인기가 있습니다. 서양에서 아무리 유명한 연극을 가져다 놓아도 우리에게는 별로 인기가 없을 때가 있는데, 그것은 우리가 잘 알지 못하는 것이기 때문입니다. 우리가 제일 좋아하는 것은 「춘향전」입니다. 다 아는 이야기일 때 더욱 인기가 있습니다.

여기 시어머니 역도 멋지게 하고, 며느리 역도 멋지게 하는 배우가 있어서 시어머니가 몹시 며느리를 구박하여 며느리가 막 우는 장면에 이르면 그것을 보는 우리도 어쩔 수 없이 자꾸 눈물을 흘리게 됩니다. 안 울려고 해도 안 울 수가 없습니다. 이때 느끼는 것을 보통 카타르시스(catharsis)라고 하는데 곧 정서작용이라는 것입니다. 아리스토텔레스의 『시학詩學』에 나오는 말입니다. 연극을 하는 곳이 세상이고, 무대를 내려다보는 곳이 천국이라고 할 때 관중은 천국의 신들이 됩니다. 그 신들이 세상을 보면서 눈물을 죽죽 쏟는 것입니다. 그래서 희랍에서는 희극보다도 비극이 더 유명했었다 하지 않습니까. 비극이 카타르시스의 효과가 더 크기 때문입니다.

그러니까 예술에서는 극을 만드는 사람이 하나님이 되는 것이고, 나와서 연기하는 사람은 예수가 되는 것이고, 위에서 감상하는 사람들은 다 성령이 되는 것입니다. 사람은 예술을 통해서 신이 된다는 것입니다.

신의 본질은 의義입니다. 하나님도, 그리스도도, 성령도 의義입니다. 희랍 사람들이 생각할 때 가장 아름다운 작품이 무엇이겠습니까. 이데아의 세계입니다. 그 이데아의 세계를 땅 위에 실현하는 것이 국가입니다. 국가야말로 인간이 만들 수 있는 최고의 예술작품입니다. 이러한 예술작품을 만들고 그 예술작품을 통해서 신성神性인 의를 드러내는 것이 희랍 사람들의 이상입니다. 나라와 의, 이것은 희랍 사람들의 이상일 뿐만 아니라 우리의 이상입니다.

우리가 나라를 세우고, 이 나라를 통하여 정의를 실현하는 것이 곧 뜻이 하늘에서 이루어진 것처럼 땅에서도 이루어지는 것입니다. 지금 우리의 모든 관심은 어디에 있습니까. 나라에 있지요. 매일 신문을 보는 사람들은 무엇을 하려고 그렇게 세심히 봅니까. 나라를 보느라고 그럽니다. 환율換率이 올랐다고 하면 울고, 또 축구가 일본에게 이겼다고 하면 웃고 하는데 거기에서 카타르시스가 됩니다.

가장 아름다운 예술작품이 나라인데 그 나라를 우리가 만들려고 하면 그 나라의 연기를 맡고, 그 나라를 우리가 들여다보는 동안에 우리는 무엇이 되나. 쉽게 말하면 신이 되는 것입니다. 신의 핵심이 '곧이(직直)'요, '의'가 아니겠습니까. 기독교식의 표현으로 하면 의인이 된다는 것입니다. 안중근 의사도 의인이요, 나라를 창조하는 사람입니다. 나라를 사랑하면 죄인이 변해서 의인이 됩니다. 우리가 나라를 사랑하는 동안에 의인이 되는 것입니다. 나라를 창조하는 사람들이 의인이요, 신인神人입니다. 신이라고 해도 좋습니다. 그것이 자주自主라는 것입니다. 너무 비약하는 것 같지만 '나라와 의', 거기까지는 알 수 있겠지요?

우리가 나라를 빛내면 나라는 우리를 빛내줍니다. 우리가 빛나는 길은 다른 길이 없습니다. 나라를 빛냄으로써 우리가 빛나는 것이지, 그냥 내가 빛나자고 해서는 안 됩니다.[1]

---

1. 김흥호, 『하루를 사는 사람』, 〈김흥호 사상 전집 · 기독교 설교집 5〉(서울: 사색출판사, 2009), 12~26쪽

원수를 사랑하라
1980년 3월 9일 이화여대 대학교회 주일예배 설교

마태복음 5:43~48

"네 이웃을 사랑하고 원수를 미워하여라"고 하신 말씀을 너희는 들었다.
그러나 나는 이렇게 말한다.
원수를 사랑하고 너희를 박해하는 사람들을 위하여 기도하여라.
그래야만 너희는 하늘에 계신 아버지의 아들이 될 것이다.……
하늘에 계신 아버지께서 온전하신 것같이
너희도 온전한 사람이 되어라.

지난번에 삼일절을 맞아 독립선언서를 절반까지 읽었었습니다. 오늘 마저 읽고 요전 말을 계속하겠습니다.

병자수호조약 이후 시시때때로 굳게 맺은 약속을 저버렸다 하여 일본의 실의 없음을 탓하려 하지 아니하노라. 학자는 강단에서, 정치인은 실생활에서 우리 조상 때부터 물려받은 이 터전을 식민지로 삼고 우리 문화민족을 마치 미개한 사람들처럼 대하여 한갓 정복자의 쾌감을 탐낼 뿐이요, 우리의 영구한 사회 기틀과 뛰어난 우리 겨레의 마음가짐을 무시한다 하여 일본의 옳지 못함을 책망하려 하지 아니하노라.

자기를 일깨우기에 다급한 우리는 다른 사람을 원망할 여가를 갖지도 못하였노라. 현재를 준비하기에 바쁜 우리에게는 예부터의 잘못을 따져볼 겨를도 없노라. 오늘 우리의 할 일은 다만 나를 바로잡는 데 있을 뿐, 결코 남을 헐뜯는 데 있지 아니하노라. 엄숙한 양심의 명령에 따라 자기 집의 운명을 새롭게 개척하는 일일 뿐, 결코 묵은 원한과 일시의 감정을 가지고 남을 시기하고 배척하는 일이 아니도다. 낡은 사상과 낡은 세대에게 얽매인 일본 위정자들의 공명심의 희생으로 이루어진 부자연스럽고 불합리한 이 그릇된 현실을 고쳐서 바로잡아, 자연스럽고 합리적인 올바른 바탕으로 되돌아가게 하는 것이라.

처음부터 이 겨레가 원해서 된 일이 아닌, 두 나라의 합병의 결과로 마침내 억압으로 이루어진 당장의 평안함과 차별에서 오는 고르지 못함과 거짓된 통계숫자 때문에 이해가 서로 엇갈린 두 민족 사이의 화합할 수 없는 원한의 도랑이 날이 갈수록 깊이 패는 지금까지의 사정을 한번 살펴보라. 용감하게 옛 잘못을 고쳐 잡고 참된 이해와 동정의 바탕으로 우호적인 새 시대를 마련하는 것이 서로 화를 멀리하고 복을 불러들이는 가까운 길인 것을 밝히 알아야 할 것이 아니냐.

또한 울분과 원한이 쌓인 2천만 국민을 힘으로 붙잡아 묶어둔다는 것은 다만 동양의 영원한 평화를 보장하는 노릇이 아닐 뿐 아니라 이것이 동양의 평안함과 위대함을 좌우하는 4억 중국 사람들의 일본에 대한 두려움과 샘을 갈수록 짙어지게 하여 그 결과로 동양 전체가 함께 쓰러져 망하는 비운을 초래할 것이 뻔한 터에 오늘 우리의 조선 독립은 조선 사람으로 하여금 정당한 삶과 번영을 이루게 하는 동시에 일본으로 하여금 잘못된 길에서 벗어나 동양을 버티고 나갈 이로서의 무거운 책임을 다하게 하는 것이며, 중국으로 하여금 꿈에도 피하지 못할 불안과 공포로부터 떠나게 하는 것이며, 또 동양의 평화가 중요한 일부가 되는 세계평화가 인류 복지에 꼭 있어야 할 단계가 되게 하는 것이라. 이것이 어찌 구구한 감정상의 문제이겠느냐.

아! 새 하늘과 새 땅이 눈앞에 펼쳐지는구나. 힘의 시대는 가고 도의의 시대가 오누나. 지나간 세기를 통하여 깎고 다듬어 키워온 인도적 정신이 바야흐로 새 문명의 서광을 이루어 인류의 역사 위에 던져지기 시작하누나. 새 봄이 온 누리에 찾아들어 만물의 소생을 재촉하누나. 얼음과 찬 눈 때문에 숨도 제대로 쉬지 못한 것이 저 한때의 시세였다면, 온화한 바람, 따뜻한 햇볕에 서로 통하는 낌새가 다시 움직이는 것은 이 한때의 시세이니, 하늘과 땅에 새 기운이 되돌아오는 이 마당에, 세계의 변하는 물결에 타는 우리는 아주 주저할 것도 없고, 아무 거리낄 것도 없도다. 우리가 본디 타고난 자유권을 지켜 풍성한 삶의 즐거움을 마음껏 누릴 것이며, 우리가 넉넉히 지닌바 독창적 능력을 발휘하여 봄기운이 가득한 온 누리에 우리의 뛰어남을 꽃피우리라.

우리는 그래서 분발하는 바이다. 양심이 우리와 함께 있고, 진리가 우리와 더불어 전진하나니 남자·여자·어른·아이 할 것 없이 음침한 옛 집에서 힘차게 뛰쳐나와 삼라만상과 더불어 즐거운 부활을 이룩하게 되누나. 천만세 조상들의 넋이 우리를 안으로 지키고, 전 세계의 움직임이 우리를 밖으로 보호하나니 이 일에 손을 대면 곧 성공을 이룩할 것이라. 다만 저 앞의 빛을 따라 전진할 따름이도다.

공약 3장은 이다음에 시간 있을 때 말씀드리겠습니다. 독립선언서의 전반부는 '나라와 의'라는 말로 표시할 수 있다고 지난 시간에 말씀드리면서 마태복음 6장 25절부터를 읽었고, 바로 거기에 "그 나라와 그 의를 구하라"는 말이 있었습니다.

오늘 읽은 독립선언서의 뒷부분은 3.1 운동의 방법으로, 어떤 방법을 가지고 3.1 운동을 해갈 것인가를 말하고 있다고 볼 수 있는데 그것을 한마디로 말하면 "원수를 사랑하라"고 하는, 그 말씀을 방법으로 삼았다고 볼 수 있습니다. 바로 이 부분이 기독교 사상의 표현이라고 볼 수 있습니다.

또 공약 3장은 한용운 스님이 썼기 때문에 그 속엔 불교의 사상이 집약되어 있다고 볼 수 있습니다.

그때 그 정한 방법이 '단일', '민중', '비폭력'이었습니다. '단일', 우리는 단일 민족이니까 우리 민족은 서로 믿을 수 있지 않느냐, 해서 이 믿음이라는 것을 가지고 싸워야 되겠다고 생각한 손병희 선생이 맨 처음에 찾아간 사람이 매국노 이완용이었습니다. "우리가 독립선언을 하겠다." 이때 이완용이 "내가 밀고하면 어떻게 하겠느냐"고 물었고, "우리 민족이라면 밀고를 하지 않을 것이다"라고 대답했다고 합니다. 이완용은 밀고를 하지 않았고, 그래서 3.1 운동이 성립되었습니다. 또 3.1 독립선언문을 찍을 때, 신철이라는 형사가 와서 발각이 되었지만 역시 신철이라는 형사에게도 우리 민족이란 것을 강조한 끝에 결국은 신고를 하지 않았기에 3.1 독립운동이 되었습니다. 단일 민족의 단일성을 강조해, 하나가 되어야 서로 믿을 수 있다, 여기 표현으로 하면 "양심이 우리와 같이 있고, 진리가 우리와 같이 전진한다." 우리는 하나의 민족이다, 그러니까 우리는 서로 믿을 수 있다는 것이 마지막 절에 나옵니다.

그다음에 '민중'이라는 것, 결국 소망은 민중에게 있다. 그때 양반들한테 찾아가서 같이 하자고 했지만 전부 참석을 안 했습니다. 결국 민중을 가진 불교와 기독교와 천도교가 여기에 가담을 했지, 상층계급의 사람들은 가담하지 않았습니다. 결국 소망은 민중에게 있다는 것입니다.

맨 마지막이 '비폭력'인데, 민심民心은 천심天心이다. 민중 속에 천심이 들어가 있다. 천심이 무엇인가. 그건 '사랑'이다. 그래서 선언문에서 일본 사람들이 우리를 아무리 괴롭혀도 우리는 일본 사람들을 탓하지 않겠다. 원망하지도 않겠다. 결국 우리는 우리를 바로잡는 것이지, 일본 사람을 어떻게 하자는 것이 아니다. 이것이 '비폭력, 민중, 단일'이라는 생각을 구체적으로 표현한 것이라고 볼 수 있습니다.

그러나 전체적으로 말하면 결국은 '봄이 왔다', 그 한마디입니다. 묵시록 21장에 나오는 '새 하늘과 새 땅'이 여기에도 나오는데 '새 하늘과 새 땅'이라는 것과 "새 봄이 온 누리에 찾아 들어와", 이런 식의 표현을 한마디로 하면 '봄이 왔다'라고 할 수 있습니다. 기독교라는 것, 복음이라는 것, 그것도 한마디로 하면 '봄이 왔다'입니다. 기쁜 소식이라는 것도 그 소리지요. 마지막에 "부활의 봄이 왔다"도 같은 말이 됩니다.

그런데 독립운동을 우리만 한 것인가. 그것을 한번 생각해 봅시다. '비폭력' 하면 우리는 얼른 인도의 간디를 생각합니다. 우리는 2월 10일에 모이기 시작해서 3월 1일에 독립만세를 불렀고, 인도는 우리보다 조금 늦은 23일에 모이기 시작해서 4월 6일에 만세를 불렀습니다. 우리도 그때 상당히 죽었지요. 인원수는 확실치 않지만 어떤 책에 보면 7천 명이 죽었다, 또 어떤 책에는 5천 명이 죽었다, 또 다른 책에는 2천 명이 죽었다고 기록되어 있습니다. 하여튼 최하로 잡아도 2천 명은 죽었다고 봐야 되지요. 그리고 1만 5천 명이 부상했다고들 합니다. 그런데 인도에서도 1천 2백 명가량 죽었고, 4천 명이 부상을 당했다고 하는데 인도에선 4월 13일에 그렇게 많이 죽었다고 합니다.

간디의 무저항 운동은 벌써 그보다 몇 십 년 전에 전개되었습니다. 간디가 아프리카에서 무저항 운동을 22년 동안 했고, 아프리카에서는 그때 상당한 사람들이 감옥에 들어간 것으로 알고 있습니다.

1919년 우리가 독립운동을 할 때 간디의 나이는 50세였고, 간디가 인도에서 무저항 운동을 시작한 것은 44세부터였는데, 그 운동이 세계적으로 퍼져서 우리도 인도처럼 하면 되지 않을까 하는 생각이 지배적이었습니다. 인도에서 하는 게 비폭력이므로 우리도 비폭력으로 하자는 것이었습니다.

간디가 비폭력이라는 사상을 갖게 된 것은 24세 때에 성경 속에서였습니다. 성경의 가장 핵심을 마태복음의 산상수훈으로 보았고, 산상수훈에서 가장 핵심을 5장 마지막에 있는 "하나님이 온전한 것처럼 너희도 온전하라"는 말과 "원수를 사랑하라"는 말로 보았습니다.

기독교의 핵심이 무엇인가. 하나님이 온전하신 것처럼 우리도 온전하게 될 때 우리도 원수를 사랑할 수 있구나. 그저 원수를 사랑하는 것이 아니라 원수와 싸워 이겨야 되는데 무엇을 가지고 이기는가. 사랑을 가지고 이긴다. 그럼 사랑이란 무엇인가. 진리다. 그것이 간디의 사상입니다.

원수와 싸워서 이기는 힘, 그것이 사랑인데 사랑이란 무엇인가. 진리다. 그럼 진리란 무엇인가. 그것은 영靈이다. 영이란 무엇인가. 그것은 하나님이다. 그럼 결국 원수를 이기는 힘은 하나님에게 있다는 것입니다. 하나님의 힘을 가지고 싸울 때 원수를 이길 수 있다. 그래서 간디는 그것을 '무저항 저항'이라는 말로 표현했습니다.

물론 이 무저항 사상은 이미 오래 전부터 있었던 사상으로 그건 여러분이 다 알다시피 톨스토이의 사상입니다. 간디가 24세 때 신약성서 마태복음 5장에서 무저항이라는 사상을 발견하고 그것으로 항쟁해야겠다고 생각하고 동지를 찾고 있을 때 나타난 사람이 톨스토이였고, 그로 인해 간디는 톨스토이의 작품을 많이 읽었을 뿐만 아니라 번역도 했습니다. 그래서 아프리카에 가서 경영한 농장의 이름을 톨스토이 농장이라 하기도 했습니다. 톨스토이는 1910년에 죽었는데 죽기 두어 달 전에 간디에게 보낸 편지에서 이런 말을 했습니다.

"나의 '무저항 저항'이라는 사상을 당신이 실천함으로써 하나님의 의를 나타내기 위하여 힘쓴 것에 대해서 대단히 고맙게 생각한다. 나의 무저항을 한마디로 하면 사랑의 힘을 말한다. 그 사랑의 힘이란 진리의 힘을 말한다. 그 진리의 힘은 영의 힘을 말한다. 그 영의 힘을 가지고, 혹은 하나님의 힘을 가지고, 진리의 힘을 가지고 원수와 싸워 이기는 것, 그것이 무저항이다."

톨스토이와 간디는 '기독교란 하나님의 힘으로 싸워 이기는 종교'라고 말했습니다. 예수님께서 요한복음 16장 마지막에 "내가 세상을 이겼다." 무엇을 가지고 이겼나. 한마디로 하면 하나님의 힘을 가지고 이겼다, 혹은 사랑을 가지고 이겼다, 혹은 진리를 가지고 이겼다고 했습니다.

간디의 유명한 이야기가 있지요. 일등 차를 타고 가다가 정거장에서 발길에 채어 떨어져서 생각한 것이 어떻게 하면 영국을 때려 부술까. 그렇게 할 힘이 무엇인가였다고 합니다. 영국인들이 누구한테 쩔쩔 매는가, 가만히 생각해보니까 영국인들은 예수라면 꼼짝 못하더랍니다. 그럼 예수를 붙잡으면 되지 않겠나. 예수를 붙잡으면 영국을 이길 수 있는 힘이 그 속에 있을 것이다. 그래서 그 힘을 얻기 위해서 열심히 읽은 것이 성경이었고, 신약성서의 마태복음 중 산상수훈 속에서 예수가 악마의 세계를 이긴 그 힘, 혹은 초대 기독교인들이 로마를 이긴 그 힘을 간디는 발견하게 되었습니다. 그래서 그 힘을 가지고 결국은 대영제국을 이겼으며 인도는 독립하게 되었습니다.

그러니까 간디는, 원수를 사랑하라고 할 때도 그저 원수를 사랑하는 것이 아니고, 원수를 이기는 힘, 그것이 사랑이라고 해석했습니다. 소위 '비폭력의 저항'을 가지고, 사랑을 가지고 싸워 이기는 것입니다.

학생들이 다 아는 소크라테스의 '무지無知의 지知', 노자의 '무위지위無爲之爲', 장자의 '무용지용無用之用', 또 루소의 『에밀』에 있는 '무교지교無敎之敎'라는 말은 우리가 보통은 해석할 수 없는 굉장히 깊은 의미를 가지고 있습니다.

언젠가도 한번 이야기했지만 소크라테스의 '무지無知의 지知'란 무슨 뜻인가. 예를 들어 보면 어떤 사람이 고기를 잡으러 나갔는데 한 사람이 옆에 와서 이번 그물에 걸리는 고기를 전부 사겠다고 했습니다. 그물은 던져졌고 한참 후에 올려보니까 고기는 안 걸리고 금화로가 하나 나왔습니다. 그때 옆에 섰던 사람이 그것은 약속대로 나에게 팔아야 된다고 했습니다. 그러니까 잡은 사람이 못 팔겠다, 왜냐하면 물고기를 팔겠다고 그랬지, 걸려나오는 걸 팔겠다고는 하지 않았기 때문이라고 했습니다. 팔아라, 안 팔겠다고 서로 싸우다가 제일 똑똑하다는 솔론이란 사람에게 가서 묻기로 하고 그에게 갔습니다. "그 문제는 나도 해결을 못하겠다." 이에 또 다른 철인哲人에게 가서 물었습니다. 그 문제는 그도 해결 못하겠다고 해서 맨 마지막에는 탈레스라는 사람을 찾아갔습니다. 어떻게 하면 좋겠냐고 하니 이 세상에 금화로를 가질 수 있는 사람은 없다. 그러니까 너도 못 가지고, 너도 못 가진다. 그건 하나님만이 가질 수 있다. 그 금화로를 예배당에 갖다 바치라고 했고 그래서 예배당에 바쳤다는 얘기가 있습니다.

그 말은 무얼 뜻하는가 하면 지혜는 사람이 가질 수 없다. 결국 지혜를 가진 자는 하나님뿐이다. 사람은 지혜를 가질 수 있는 자격이 없다. 기독교에서 말하는 나라와 권세와 영광은 오직 하나님만이 가질 수 있다. 대개 나라와 권세와 영광은 하나님께만 있지, 사람은 가질 수 없다고 말합니다. 나라, 이걸 내가 차지할 수 있나? 아닙니다. 권세는 내가 가질 수 있나? 아닙니다. 영광도 마찬가지입니다. 그것은 다 하나님만이 가질 수 있는 것입니다. 사람은 가질 수 없습니다. 이 지혜도 하나님만이 가질 수 있는 거니까, 하나님의 지혜가 나타날 때에는 내가 가졌던 지식의 불은 꺼야 합니다.

"불을 꺼라. 해가 뜬다." 이제 불을 꺼라. 봄이 왔다. 해가 떴는데도 불을 켜고 있으면 바보지요. 기독교식으로 말하면 "내 뜻대로 마옵시고 아버지 뜻대로 하옵소서." 그것 아니겠어요. '나'라고 하는 게 있으면 하나가 될 수 없습니다. 교회란 목사의 교회도 아니고, 장로의 교회도 아니고, 그 누구의 교회도 아닙니다. 여기서는 촛불을 꺼야 한다. 목사도 없고, 장로도 없고, 찬양대도 없고, 누구도 없다. 오로지 하나님의 교회이며, 하나님만이 계시는 곳입니다.

'봄이 왔다.' 예수님 말로 하면 마태복음 4장 17절, "회개하라. 천국이 가까웠다." 봄이 왔다는 것이나, 천국이 가까웠다는 것이나, 새 하늘과 새 땅이 열린다는 것이나 다 같은 말입니다. 천국이 가까이 오니 어떻게 해야 되나? 촛불을 꺼야지요. 회개하라. 회개해서 촛불을 꺼야 태양이 뜨지, 태양이 떴는데도 촛불을 켜고 있으면 말도 안 되지요. 촛불을 꺼라, 태양이 뜬다. 이것이 소위 소크라테스의 '무지無知의 지知'라는 것입니다. 인간적인 지혜로써는 안 된다는 것입니다.

결국 하나님의 지혜로써만 인간은 구원받을 수 있다는 것입니다. 기독교에서도 마찬가지입니다. 사람의 생각으로는 안 된다. 사람의 힘으로는 안 된다. 예수님의 힘으로도 안 된다. 예수님 보고, 당신은 참 착한 선생님이요, 라고 말할 때 예수님이, 왜 날더러 착하다고 그러느냐. 그건 내 힘으로도 안 된다고 하면서 하나님만이 착하시고, 하나님만이 아신다고 했습니다. 일체 사람이라는 것이 없어지고 하나님만이 나타날 때, 거기에 믿음이 있고, 소망이 있고, 사랑이 있습니다. 거기에 하나가 있고, 민중이 있고, 비폭력이 있는 것이지, 만일 촛불들이 제각기 다 야단을 치면 아무것도 안 됩니다.

그러니까 3.1 운동이란 '봄이 왔다'는 것입니다. 촛불을 다 끄자. 해가 떴다. 있는 것은 무엇인가. 민중만이 있고, 민족만이 있고, 또 우리의 민심만이 있다. 달리 말하면 우리나라만 있지, 나는 없다. 그러니까 나라를 위하여 총을 맞고 쓰러져도 하등 거기에 대해서 아무 말 없이 다 기쁘게 죽어간 것입니다. 그게 우리의 3.1 운동입니다. 결국은 봄이 왔다. 달리 말하면 "회개하라. 천국이 가까웠다"는 말입니다.

그런데 이 '봄이 왔다'의 '왔다'는 것이 무엇인가? '사실'이라는 겁니다. 우리의 복음이라는 것은 선포뿐입니다. 사실을 사실대로 인정하는 것뿐입니다. 기독교도 마찬가지입니다. 봄이 왔다는 것을 선포하는 것뿐이지, 봄을 우리가 오게 하겠다는 것이 아닙니다. 오게 하겠다는 것은 행함으로 구원을 얻는 것이지, 믿음으로 구원을 얻는 것이 아닙니다.

지금 공산주의란 봄을 좀 오게 해보자는 것입니다. 그럼 어떻게 하면 봄이 오나? 비닐이라도 치면 되지 않겠나. 그래서 죽의 장막이니, 철의 장막이니 하는 것 아니겠습니까? 그러다가 바람이 불면 어떻게 됩니까. 비닐이 다 찢어지고 맙니다. 공산주의는 오게 하자는 운동인데 반해, 기독교는 이미 왔다는 것입니다.

그러므로 우리 대한독립은 사실상 언제 되었나. 1919년 3월

1일에 된 것입니다. 그래서 제헌국회에서 우리 대한민국이 언제 시작되었는가에 대해 논란이 많았고, 그러다가 결국은 1919년 3월 1일 대한민국이 독립한 것으로 결정이 되었습니다. 대한민국의 역사만 따지면 벌써 61년이 되었습니다. 그러니까 사실 우리는 그때 독립한 것입니다. 그럼 일본은 언제 망했나. 벌써 그때 망한 것입니다. 1945년에 망한 것 같지만 사실은 그때 망한 것입니다. 왜 그때 망한 것인가. 아무 죄 없는 사람을 2천 명, 3천 명, 5천 명 쏘아 죽일 때 이미 일본은 망한 것입니다. 정신이 있다면 어떻게 생사람을 쏴 죽이겠습니까.

영국이 1948년에 인도에서 쫓겨 간 것 같지만 이미 1919년 4월 13일 무너진 것입니다. 영국인들이 인도에서, 기도하러 모인 사람들에게 무조건 총을 쏴 1200명이나 죽인 것이 제 정신이겠습니까? 그것도 예수를 믿는다는 사람들이 그렇게 했을 때 그건 이미 망한 것입니다. 현실적으로는 1948에 영국이 무너졌지만 사실상은 1919년 4월 13일에 영국은 인도에서 벌써 무너진 것입니다. 그때 영국의 양심 있는 사람들은 그 말을 듣고서 우리 영국은 이제 망했다고 말했다 합니다. 사실 망한 것입니다.

우리도 1945년에 해방된 것 같지만 사실 일본은 1919년 3월 1일에 벌써 무너진 것입니다. 뱀 같은 것은 목을 탁 잘라도 한참 꾸불꾸불 하다가 죽습니다. 일본의 목이 잘린 것은 1919년 3월 1일이고, 꾸불꾸불 발악을 하다가 1945년에 원자탄을 얻어맞은 것입니다.

그러니까 우리가 사실과 현실을 구별해야 되는데 사실로 말하면 그때 벌써 봄이 온 것이고, 현실적으로는 1945년에 봄이 온 것입니다. 복음이란 사실을 선포하는 것입니다.

로마 역시 역사적으로는 나중에 망했지만 실제로 로마가 망한 것은 예수라고 하는 하나님의 아들을 십자가에 땅땅 못 박아 죽일 때 이미 로마는 망한 것입니다. 그 죄 없는 사람을 죽였을 때 그 나라는 이미 망한 것입니다. 그러니까 이미 그때 천국은 온 것입니다. 예수님께서 그때 하늘에서 악마가 떨어지는 것을 보았다고 하셨는데 이미 악마는 그때 떨어진 것입니다. 그리고 마지막에 도마뱀 같은 것들이 좀 남아 있었던 것입니다.

기독교란 언제나 사실을 사실로 선포합니다. 봄이 왔다고 하면 다요, 해가 떴다고 하면 다지, 우리가 해를 만들어낼 재간이 있습니까? 물론 해가 떠도 아직은 구석구석 좀 추운 데가 있긴 하겠지만 그건 문제가 안 됩니다. 기독교란 봄이 왔다는 것을 선포하는 그것이 전부입니다.

기독교는 행함으로 구원을 얻는 게 아니고, 믿음으로 구원을 얻는 것입니다. 믿음으로 구원을 얻었다는 것은 무엇인가? 사실은 사실대로 인정하는 것입니다. 그 이상 아무것도 없습니다. 그러므로 결국은 '무저항 저항'이라는 것도 사람의 힘으로 되는 것이 아니라는 말입니다.

결국 되는 것은 하나님의 힘으로만 됩니다. 사람의 뜻이 이루어지는 것이 아닙니다. 이루어지는 것은 하나님의 뜻만이 이루어

지는 것입니다. 그것만이 사실이고 그 외에는 다 거짓입니다.[1]

---

1. 김홍호, 『하루를 사는 사람』, 〈김홍호 사상 전집 · 기독교 설교집 5〉(서울: 사색출판사, 2009), 27~42쪽

민족의 꽃
1980년 3월 16일 이화여대 대학교회 주일예배 설교

마태복음 4:12~17
어둠 속에 앉은 백성이 큰 빛을 보았고,
죽음의 그늘진 땅에 사는 사람들에게 빛이 비치었다.

오늘은 3.1 독립선언서 중 맨 마지막 공약 3장을 읽겠습니다.

오늘 우리들의 이 거사는 정의, 인도, 생존을 찾는 겨레의 요구이니, 오직 자유의 정신을 발휘할 것이고, 결코 배타적 감정으로 치닫지 마라. 마지막 한 사람에 이를 때까지, 마지막 한순간에 다다를 때까지 민족의 올바른 의사를 시원스럽게 발표하라. 모든 행동은 먼저 질서를 존중하여 우리들의 주장과 태도가 어디까지나 공명정대하게 하라.
　나라를 세운 지 4252년 되는 해 3월 초하루, 조선 민족대표.

여기에 33인의 이름이 적혀 있습니다.

아무래도 3.1 독립선언서라서 그런지 3번 말하게 되었습니다. 처음의 절반은 '그 나라와 그 의' 그러니까 한문으로 말하면 보국안민輔國安民인데, 곧 3.1 운동의 목적입니다.

그다음이 '원수를 사랑하라'는 것인데, 결국은 '무저항 저항'을 뜻하는 것으로, 이 말은 원수를 도와주라든가, 원수하고 화해하라든가 하는 말이 아니고, 우리의 원수는 악마이기 때문에 — 그 당시로 말하면 일본 제국주의지요 — 악마를 사랑한다든가, 악마를 도와준다든가, 악마와 화해한다든가 그런 것은 일체 있을 수 없고, 결국은 악마와 싸우라는 것입니다. 그런데 그 악마의 힘이 너무 세서 우리의 힘으론 도저히 안 되니까 하나님의 힘으로 이길 수밖에 없다. 하나님의 힘이 진리의 힘이고, 또한 사랑의 힘이기 때문에 결국 사랑의 힘으로 원수를 이긴다. 그것이 원수를 사랑하라는 뜻이라고 이야기했습니다.

마지막 공약 3장은 세 가지인데, 어떻게 보면 앞으로 시위를 하는 데 있어서 주의사항이라고 볼 수 있습니다. 첫째는 배타적으로 나가지 마라. 둘째는 최후의 1인까지, 최후의 일각까지 나가야 한다. 그리고 셋째는 질서를 지켜야 된다는 것입니다. 너무 배타적이 되지 말자. 중도에 그만두지 말자. 그리고 질서를 지키자. 그 세 가지를 우리가 다 지키자고 해서 공약입니다. 주의사항처럼 들리지만 이것을 더 깊이 들여다보면 결국 나라를 사랑하는 충성, 내 생명을 나라 위해 바치자는 애국심이 가장 핵심적인 내용이라고 볼 수 있습니다.

그리고는 33인 대표를 썼는데, 이들을 '민족의 별'이라고 나는 말하고 싶습니다. 왜냐하면 이 사람들은 그 당시 우리나라에서 이름 있고 지도층에 있는 사람들이기 때문입니다. 이 설교의 제목을 〈민족의 꽃〉이라고 한 것은 사실 이 '민족의 별'보다도 더 중요한 사람들이 있었다는 것을 강조하기 위해서입니다. 그것은 무슨 뜻인가 하니 이 자리에서 그분들에 대해 이렇고 저렇고 다 말할 수는 없지만 우리가 누구나 다 잘 아는 한 두 사람을 들어 봄으로써 상기시켜 보려 합니다.

맨 처음부터 3.1 운동을 역설했고, 또 이 3.1 독립선언문을 쓴 최남선은 처음부터 3.1 독립운동에 가담하지도 않았으니 최초의 일각, 최초의 1인이 되지 못합니다. 또 이 3.1 운동의 핵심적인 인물이라고 할 때 누구나 다 공지하는 사람인 최린은 나중에 가장 친일적인 언론기관지였던 『매일신보』 사장을 한 사람이기에 최린 하면 내가 보기엔 가장 친일파이고, 민족의 반역자인데, 그 사람이 이 일의 주동적인 인물이 되었다는 것은 결국은 최후의 일각까지, 최후의 1인까지라는 말하고는 너무 거리가 먼 것이 아닌가 생각합니다.

그리고 이 공약을 붙이자고 써 온 사람이 한용운인데 물론 한용운 스님이 맨 처음에는 상당히 적극적이었지만 마지막에는 유신불교라는 걸 만들어서 듣기 좋지 못한 말을 들었습니다. 그러니까 우리가 이들 민족대표에게서는 최후의 일각이나 최후의 1인을 찾아보기가 어렵다는 것입니다.

그럼 결국 최후의 일각, 최후의 1인까지 싸운 사람들은 누군가 하면 그 당시의 민족지도자가 아니라 민중이었습니다. 이 운동에 가담했던 사람들을 어떤 사람은 5백만 명이라고 하지만 최하로 따져도 2백만 명은 될 것입니다. 그리고 그 가운데서 총에 맞아 죽은 사람이 보통 우리 역사책에 나오는 것을 보면 7천 명쯤이고, 그때 부상당한 사람이 만 5천 명쯤이었다고 합니다. 그러면 정말 최후의 일각까지, 최후의 1인까지를 말할 수 있는 사람은 그때 죽은 7천 명, 그 사람들이 될 것입니다. 그래서 난 그 사람들의 이름을 무엇이라고 붙일까 생각하다가 민족의 별이 아니라 민족의 꽃이라고 했습니다. 민족을 위해서 바쳐진 하나의 아름다운 꽃송이입니다.

그중에서 제일 유명한 사건은 수원의 제암리 교회에서 만세를 부르고 기도를 하는데 일본 사람들이 교회에 불을 질러, 뛰쳐나온 사람 6명은 그 자리에서 총살을 당하고, 나오지 않은 28명은 타죽었다고 합니다. 이런 사건은 여기저기 있었을 터이고, 그래서 저는 그 사람들을 민족의 꽃이라고 부릅니다.

또 우리 이화학당의 고등과 1학년 유관순 역시 민족의 꽃이라고 할 수 있습니다. 16세였던 유관순이 3월 1일 친구 6명과 같이 파고다공원에 가서 만세를 부르고, 3월 5일 학생들끼리 모여서 또 만세를 불렀습니다. 첫날은 붙잡혀 갔다가 훈방돼서 나왔고, 두 번째 날인 5일에는 붙잡히지 않았습니다. 3월 10일, 전 학교가 휴교를 했기에 시골로 내려갔는데, 유관순은 집이 천안으로, 집에 가보니 아직도 독립만세를 부르지 않았다고 해서 그때부터 자기 동네와 옆에 있는 면을 다 돌아다니면서 독립만세를 부르기로 하고, 시간은 언제, 횃불은 언제 피운다 등을 연락하고 조직을 했다고 합니다. 자기 집 가까이 있는 주재소 옆 면사무소 앞에 모여 만세를 부르기로 하였는데, 유관순이 나가서 선언문을 읽고 애국 연설을 하였다고 합니다. 그때 많은 사람이 죽었고, 유관순의 아버지와 어머니도 그날 죽었으며, 유관순도 잡혀 가게 되었습니다. 그러나 감옥에서도 계속 만세를 불러 결국은 매를 맞아서 그 다음 해에 죽고 말았습니다. 나는 이런 사람들이 최후의 일각까지, 최후의 1인까지 된 사람들이지 그밖에 누가 더 이 나라를 사랑한 사람이 있을까 하고 생각해서 나는 이 사람들을 민족의 꽃이라고 부릅니다.

여러 번 이런 말을 하는 것은, 3.1 독립선언문, 우리가 말하는 3.1 정신이라는 것이 우리 헌법의 기초가 되었을 뿐만 아니라 또 나라를 사랑하는 것이 예수를 믿는 것이지, 나라 사랑을 떠나서 예수를 믿는 것은 있을 수 없다는 것을 말하기 위함입니다.

하나님 나라를 사랑하면 되지 않느냐 하겠지만 하나님 나라도 우리나라를 통해서 있는 것이지, 나라를 떠나서는 하나님의 나라가 있을 수 없다고 생각합니다. "뜻이 하늘에서 이룬 것 같이 땅에서도 이루어지이다" 하고 우리가 늘 기도하는 것은 역시 우리가 우리나라를 사랑하기 때문에 그렇게 기도하는 것이지, 우리나라를 사랑하지 않으면서 예수를 믿는다는 것이 있을 수 있나? 난 그게 있을 수 없다고 생각합니다.

그러니까 이 나라를 사랑한다는 것이 우리에게 있어서는 상당히 핵심적인 사실입니다. 이 말은 그 당시의 말로 하면 공약 3장, 이것이 애국심, 곧 사랑입니다. 천도교 식으로 말하면 이신환천以身換天인데 몸을 가지고 하늘과 바꾼다는 것입니다. 나라를 위해서 죽으면 하늘에 태어난다는 말입니다. 불교식으로 표현하면 견성성불見性成佛, 유교식으로 표현하면 살신성인殺身成仁, 그리고 기독교식으로 표현하면 "회개하라. 천국이 가까웠다"로 말할 수 있습니다.

"그 나라와 그 의를 구하라"는 마태복음 6장에 있는 말이고, 그다음 "원수를 사랑하라"는 말은 5장에 있는 말이고, 오늘 "회개하라. 천국이 가까웠다"는 말은 4장에 있는 말입니다. 여기에서 회개라는 것은 우리가 육체적인 것은 벗어버리고 정신적인 것이 되는 것을 말합니다.

나라를 사랑한다는 것은 무엇을 가지고 할 수 있나. 육체를 가지고 사랑할 수 있나. 그렇지 않습니다. 왜? 육체는 우리가 모은다 해도 하나가 되지 못하기 때문입니다. 다 따로따로이지요. 육체는, 사랑받을 수나 있지 사랑할 수는 없습니다. 정신만이 사랑할 수 있습니다. 정신만이 하나가 될 수 있습니다. 그건 왜 그런가? 하나님은 곧 사랑이기 때문에 우리 정신도 사랑일 수 있다는 말입니다. 그러니까 육체적인 차원을 넘어서 정신적인 차원에 가지 않으면 나라를 사랑할 수 있는 힘이 없습니다. 나라를 사랑하는 것은 정신이지, 육체에는 그런 힘이 없습니다. 왜? 육체는 먹어야 하기 때문에 자칫하면 육체는 나라까지 먹을 수 있습니다.

정권을 붙잡겠다든가, 당권을 붙잡겠다든가, 국권을 붙잡겠다, 하는 그 붙잡겠다는 '권'자는 저울 '권權'자이며 '리'는 날카로울 '리利'자입니다. 날카로운 칼로 잡아서 저울에 달아 잡아먹겠다는 것입니다. 그것은 내가 죽어서 나라를 위해 바쳐진다는 생각과는 반대입니다. 그러니까 이 권리를 주장하는 사람들은 잡아먹겠다는 사람이지, 사랑하겠다는 사람이 아닙니다.

의무라고도 하지만 기독교에선 의인이란 말을 쓰는데 권리가 아니고 의무입니다. 나 자신을 나라를 위해서 바친다고 하는 사람이라야 나라를 사랑할 수 있습니다. 또 나 자신을 바치려면 정신이 아니면 도저히 그럴 수 없습니다.

헤겔은, 정신이란 자기 죽음을 지켜볼 수 있는 것이라고 했는데, 예수님께서 십자가에 달려서 자기의 육체를, 인류를 위해 바쳤을 때 그것을 지켜볼 수 있는 정신, 그것이 예수의 정신입니다. 이런 정신이 없는 사람은 도저히 사랑이란 것을 할 수 없으며 더군다나 국가를 사랑한다는 말은 더욱 더 안 되는 것입니다. 그러므로 애국심이란 하나의 정신일 뿐 그밖에 아무것도 아닙니다.

그러니까 옛날에 정신 혹은 사랑을 표현할 때에는 살신성인이라든가 이신환천이라든가로 표현하였던 것이고, 회개한다고 하는 것은 육체적 입장에서 정신적 입장으로 바꾸는 것을 말합니다. 육체적인 인간이 아니라 정신적인 인간이 되는 것입니다. 우리가 예수를 믿는다고 하는 것도 육체적인 인간을 벗어나서 정신적인 인간이 된다는 것입니다. 만일 그게 없다면 예수를 믿는다는 게 무엇이겠습니까. 예수를 믿는다고 하려면 나라를 사랑해야 예수를 믿는 것이지, 나라를 사랑하지 않는다면 예수를 믿는 것이 무엇이겠습니까.

그러니까 정신이 상당히 중요한 것입니다. 그래서 나는 이런 정신을 무엇이라고 표현할까 할 때 역시 '민족의 꽃'이라고 표현했습니다. 꽃이란 언제나 꺾어서 바쳐지는 것이니까요. 별은 딸 수가 없기에 꽃을 꺾어서 바치는 것입니다.

우리가 요새 개헌을 한다, 대통령을 뽑는다 할 때 대통령이란 별일까, 꽃일까, 한번 생각해 봅시다. 우리가 과거에 대통령을 뽑아 보았다고 하지만 실제로 우리들의 기분으로는 뽑은 건 없습니다. 왜 없는가 하니 이승만 박사가 돌아와서 이승만 박사를 대통령으로 내놓기로 하고 선거를 했기 때문에 이승만 박사를 대통령으로 뽑기도 전에 벌써 되어 있었던 것입니다. 마치 별처럼 정해져 있는 것이지요. 그 후 자꾸자꾸 몇 번인가 선거를 했는데 또 정해진 게 흔들릴까봐 투표할 때는 미리 표를 투표함 속에 집어 넣어두곤 하였다 합니다. 어떤 곳에서는 유권자가 9천 명인데 나중에 투표함을 열어보니까 만 2천표가 나온 곳도 있었다니 어이없는 일이지요. 너무 집어넣은 것입니다. 이런 연유로 해서 우리가 뽑았다고 할 수는 없습니다. 다 미리 정해져 있는 것 뿐이었습니다. 그런 걸로 볼 때 다 정해져 있는 걸 그저 한두 번 연극을 해서 그 수많은 시간과 수많은 종이를 없앤 것뿐이지 사실은 뽑은 것이 아닙니다.

우리도 정말 대통령을 뽑아 보았으면 좋겠습니다. 누가 대통령이 될지는 아무도 몰랐는데 뽑아 보니까 아무개더라. 이화대학에서 학생을 뽑듯이 시험쳐보니까 아무개가 되었더라. 이렇게 되면 좋겠습니다.

그래서 플라톤 같은 사람은 『이상국가』에서 이렇게 말했습니다. 정말 대통령을 뽑으려면 시험을 쳐야 한다. 플라톤은 다섯 가지 시험을 내놓았습니다. 전 국민이 다 대통령 입후보자다. 그래서 한번 전 국민을 시험 치게 해보자. 맨 처음 시험과목은 음악입니다. 그다음이 체조, 그래도 대통령은 노래도 좀 부를 줄 알아야지 노래도 못 부르면 뭐 대통령이겠는가. 또 체조도 할 줄 알아야지 밤낮 꾸부정하게 다녀서야 되겠는가. 그다음 시험과목은 산업 기술입니다. 그래도 제 밥벌이는 할 수 있는 사람이어야지 그것도 못하면 무슨 대통령이겠는가.

그러니까 음악, 체조의 시험을 쳐서 그 가운데서 우수한 사람을 골라 놓고서 산업, 기술 시험을 치게 해서 그중에서 우수한 사람을 또 뽑는 것입니다. 그다음은 무술입니다. 옛날식으로 하면 활도 쏠 줄 알고, 말도 탈 줄 알고, 그런 정도는 되어야 나라의 유사시에 앞장서서 나가서 막지, 그것도 못하면 무슨 대통령이겠는가.

또 뽑힌 우수한 사람 중에서 요새 식으로 말하면 법률, 정치, 외교, 경제 등의 과목을 시험 쳐서 이번에는 정말 정치하는 사람으로서 자격이 있나 보고, 철학시험을 치게 하는 것입니다. 그래도 대통령은 민족의 장래를 내다보는 어떤 하나의 이상과 예지가 있고 철학이 있어야지 그게 없는 사람이라면 되겠는가. 그렇게 해서 일등으로 뽑히는 사람, 그 사람을 대통령으로 하자. 그래야 진짜 대통령이지 그렇지 않으면 무엇이냐. 그런 날이 언제 올지는 모르겠지만 우리도 한번 모르는 사람, 우리나라에서 가장 우수한 사람, 그런 사람을 대통령으로 뽑아보았으면 참 좋겠습니다.

　우리가 과거에 대통령, 대통령 하긴 했지만 사실은 왕이었지요. 왕이란 걸 뭘로 증명하는가 하면 각하라는 말로 증명할 수 있습니다. 각하니, 폐하니, 전하니 하는 것은 다 왕이란 말이기 때문입니다.

　왕에게 있어 백성은 자기의 소유입니다. 재산은 다 내 소유이며 백성을 죽이고 살리고, 주고 안 주고 하는 것은 다 내 마음대로다, 이것이 소위 왕의 생각 아닙니까. 그러니까 나라가 왕 때문에 있지, 왕이 나라 때문에 있는 게 아니란 말이지요. 팔레비 같은 사람은 3백억 달러를 가지고 해외로 도망 갔다고 하는데, 3백억 달러라면 대단한데, 왜 그렇게까지 될 수 있는가 하면 다 내 것인데, 갈 때 좀 가져가면 어떠냐, 하는 생각 때문입니다. 그러니까 이렇게 되면 왕이지 대통령은 아닙니다.

대통령이란 정말 우리 백성의 친구가 되어야 대통령이라 할 수 있습니다. "나는 지금부터 너희를 내 종이라 그러지 않는다. 너희는 내 친구다." 이것 아니겠습니까. 우리가 대통령을 생각할 때 친구 같은 마음이 들고, 대통령이 우리를 생각할 때 친구 같은 마음이 있고, 그래서 우리가 정말 늘 마음으로 사모하게 되어야지, 대통령이 학생들을 쫘 죽인다는 것이 말이 됩니까. 어떻게 친구를 쫘 죽입니까. 4.19 때 학생들을 쫘 죽였는데 만약 대통령이라면 그렇게 못했을 겁니다. 왕이니까 그렇게 할 수 있었던 것입니다. 그러니까 대통령이라면 '미스터 프레지던트(Mr. President)'지 '히즈/허 마제스티(His/Her Majesty)'라고 할 수 없는 것입니다. 왕이니까 "쫘라" 그래서 자기 신하들이 쐈지, 대통령이면 어떻게 자기 친구를 쏩니까? 대통령이라면 친구인데 어떻게 그러겠습니까? 친구가 아니고 원수니까 쏠 수 있는 것이지요.

글자를 쓸 때는 으뜸 원元 자, 머리 수首 자를 쓰긴 하지만, 사실 우리가 생각할 때는 원수怨讐지 어떻게 학생들을 쏩니까. 그러니까 대통령은 우리가 생각할 때 정말 친구여야 합니다. 각하를 붙이면 왕이라고 생각하지, 대통령 같지 않습니다. '대통령' 그럴 때는 '우리 대통령' 하는 마음에서 친구 같아야 합니다.

그리고 정말 대통령이 되려면 그 무거운 짐을 져야 되지 않습니까. 이 나라의 짐을 져야 되지 않습니까. 그러나 왕은 짐을 지지 않습니다. 왕은 짐 지는 사람이 아니지요. 남에게 짐을 지우는 사람이지요. 왕은 별입니다.

그러나 짐을 져야 하는 대통령은 꽃입니다. 그러니까 언제나 꺾입니다. 그래서 대통령이란 장기집권을 할 수 없는 것입니다. 간단히 말하면 그 무거운 짐을 어떻게 오래 지워줍니까. 말도 짐을 지고 오래 가면 그걸 벗겨 주어야 하는데 하물며 인간인데 임기는 짧은 기간에 지워 주어야 되겠지요. 그러나 왕이라면 세습이 되어야겠지요. 계속하도록 말입니다. 그런데 대통령은 역시 짐을 지고, 정말 유관순처럼 짐을 져도 보통 짐이 아닌, 죽음의 짐을 져야 합니다. 그러니까 "될 수만 있다면 이 짐을 지지 않도록 해 주십시오." 그런 사람이 진짜 대통령이지요. "될 수만 있다면 지지 않도록 해주시옵소서. 그러나 정 질 사람이 없다면 나도 져야지 어떻게 하겠습니까." 이렇게 해서 할 수 없이 지는 사람이 진짜 대통령입니다. 그 짐을 지겠다는 사람은 사실은 짐을 안 지려는 사람이지, 그걸 질 사람이야 감히 지겠다고 그러겠습니까? 그러니까 "정말 할 수만 있다면 이 잔을 내가 피하게 해주시옵소서. 그러나 정 부득이하면 제가 지겠습니다." 이게 대통령입니다.

또 더 절대적인 의미에서 말하면 우리가 다 대통령입니다. 민주주의라는 것이 바로 그것 아니겠습니까. 그래서 어떤 나라에서는 대통령을 돌아가면서 한다고 그럽니다. 정말 그렇게 되어야 대통령이지, 아직도 뽑는 것 가지고는 안 될지도 모르겠습니다. "내가 사는 것도 그리스도요, 내가 죽는 것도 그리스도다." 그 말처럼 "내가 사는 것이 나라요, 내가 죽는 것이 나라다." 내가 이 말을 하는 이유는 진짜 대통령은 그리스도라는 것입니다.

예수는 별이 아니고 꽃이며, 예수는 우리의 상전이 아니라 우리의 친구입니다. "나는 너희를 종이라고 하지 않고 친구라 한다." 예수는 우리를 위해서 십자가를 지려고 왔습니다. 그것이 중요한 것입니다.

그리고 우리 크리스천이란 게 무엇입니까. 우리가 다 대통령이다, 그 소리 아니겠습니까? 온 국민이 대통령이 될 수 있을 때 진짜 대통령이 나올 수 있지, 아직도 온 국민이 대통령이란 의식이 없을 때는 우리가 진정한 대통령을 뽑을 수 없습니다. 그래서 우리에게 있어서 대통령의 이미지가 그리스도의 이미지와 일치할 때, 그때야말로 우리가 진짜 나라를 사랑한다고 말할 수 있지 않겠습니까.[1]

---

1. 김흥호, 『하루를 사는 사람』, 〈김흥호 사상 전집 · 기독교 설교집 5〉(서울: 사색출판사, 2009), 43~56쪽

제3장 독립

예수 믿는다는 것이 무엇인가.
나는 나라 사랑하는 길이라고 생각합니다.
그 이상 나라 사랑하는 길은 없다고 봅니다.

육이오(6.25)
1980년 6월 22일 이화여대 대학교회 주일예배 설교

마태복음 4:1~11
그 뒤에 예수께서 성령의 인도로 광야에 나가
악마에게 유혹을 받으셨다.
40주야를 단식하시고 나서 몹시 시장하셨을 때에
유혹하는 자가 와서 "당신이 하나님의 아들이거든
이 돌더러 빵이 되라고 해보시오" 하고 말하였다.
예수께서는 "성서에 사람이 빵으로만 사는 것이 아니라
하나님의 입에서 나오는 모든 말씀으로 살리라고 하지 않았느냐"
하고 대답하셨다.

1. 공산주의의 본질

오늘이 6월 22일이니까 사흘만 있으면 6.25가 됩니다. 6.25

동란에 대해서는 얘기할 것이 참 많지요. 그때 사정도 말하고, 그때 어떻게 지냈는지 그것도 말했으면 좋겠지만 우선 6.25가 왜 일어났는지 이야기해 봅시다.

잘 아시다시피 6.25는 공산 세력 때문에 일어난 것인데, 아직까지도 북한에서는 남에서 북침北侵을 했다고 그런답니다. 30년 동안 계속 주장해오고 있는 것이지요. 북한 공산당의 거짓말은 우리가 도저히 당해 낼 수가 없습니다.

요즘 신문에는 나지 않아 잘 모르겠습니다만 작년 신문 보도에 의하면, 북쪽에서 휴전 약속을 위반한 것이 3만 건이랍니다. 3만 건을 위반했는데 자기네들이 했다고 인정하는 것은 2건밖에 없다고 합니다. 나머지는 모두 이쪽에서 저쪽을 침범했다는 억지지요. 그래도 두 번 인정한 것이 용타고 봅니다.

공산당의 거짓말도 그렇지만 또 하나 공산당의 잔인성도 대단합니다. 이북에 남아 있던 우리 교회의 김의근 목사님은 그 사람들이 껍질을 벗겨서 죽였다고 합니다. 그리고 여기 서광선 선생의 아버지는 목사님인데 대동강변으로 끌고 가서 총으로 쏴 죽였습니다. 그들의 잔학성은 이루 다 말할 수가 없습니다. 도끼 만행 사건도 다 잘 알지 않습니까.

공산당들의 잔인과 거짓이 어디서 나오는가를 상당히 문제시하는 사람들도 있습니다. 철학자인 사르트르(Jean P. Sartre)가 공산당에 들어갔습니다. 카뮈(Albert Camus)도 공산당에 들어갔습니다. 그래서 카뮈와 사르트르는 공산당 속의 잔인성과 거짓말이 어디서 나오느냐에 대해서 굉장한 논쟁을 벌였습니다.

사르트르는 "공산당 사람들이 말하는 그들의 원리 속에는 그러한 것이 없는데 스탈린(Joseph V. Stalin)이란 사람이 악독해서 그렇다. 헝가리 사건 때만 해도 위정자들이 나쁜 것이지, 공산주의 자체야 나쁠 것이 뭐 있느냐"고 했을 때 카뮈는 "그런 것이 아니다. 공산당의 공산주의 그 자체에 잔인성과 허위성이 속해 있는 것이다"라고 말했습니다. 그래서 카뮈는 나중에 공산당에서 탈당하고 나왔습니다. 이 문제에 대해 설명하려면 한참 걸려야 할 겁니다.

나는 오늘 그런 말을 하려는 것이 아니고 6.25에 대해서 말하려 합니다. 6.25라고 적어 놓고 보니 여섯 '육六' 자가 여섯 육으로 보이지 않고, 고기 '육肉'으로 느껴집니다. 기독교의 본질은 영靈이라고 했습니다. 그런데 공산주의의 본질은 무엇인가. '육肉이오'입니다. 오늘은 그 말을 하려고 합니다.

동양의 주역周易하는 사람들이 수를 따질 때 여섯 육六 자는 언제나 사람의 육체라는 육肉과 같은 뜻으로 씁니다. 그리고 아홉 구九 자는 사람의 영靈, 즉 정신과 같은 뜻으로 쓸 수 있다고 합니다. 그래서 김구金九 선생은 기독교를 믿고서 자기 이름을 김구라고 바꾸었습니다. '구'는 아홉 구九 자인데 아홉 구九 자에는 영구永久하다는 뜻도 있지만 또 영靈을 표시할 때도 아홉 구九를 씁니다. 그래서 '6.25' 하는 것이 '육肉이오'로 여겨집니다. 이렇게 되어서 공산주의의 핵심이 결국 무엇인가 하면 '육肉이다'

이겁니다.

　공산주의를 시작한 사람은 마르크스(Karl Marx)입니다. 마르크스는 유태 사람입니다. 예수도, 아인슈타인(Albert Einstein)도 유태 사람입니다. 지금 세계 30억 인구 가운데 예수를 좇는 사람이 10억, 마르크스를 좇는 사람이 10억, 아인슈타인을 좇는 사람이 10억이라고 하는 사람도 있습니다. 그런데 이 유태 사람들이 다 종교적인 사람들입니다.

　마르크스도 신학 공부를 아주 많이 한 사람입니다. 그런데 마르크스가 왜 공산주의를 시작했겠습니까. 마르크스는 30살 때 『공산당 선언』이라는 글을 썼습니다. 그것이 1848년입니다. 요새는 우리나라에서 『공산당 선언』 같은 책은 못 읽게 합니다. 그래서 내용이 어떤 것인지 학생들은 잘 모를 겁니다. 우리가 학교 다닐 때는 그런 책도 읽을 수 있었습니다. 나는 『공산당 선언』도 읽어 봤고, 『자본론』도 읽어 봤고, 『독일 이데올로기』라는 책도 읽어 봤고, 『가난한 이야기』도 읽어 보았습니다. 『공산당 선언』에 맨 처음 나오는 말은 "하나의 망령이 유럽의 상공을 배회하고 있다"이고, 끝마디는 "만국의 프롤레타리아여! 단결하자" 이런 말입니다.

　'망령'이란 무엇인가. '죽은 사람의 혼'입니다. 지옥으로 가든지, 천국으로 가든지 어디에고 갔어야 하는데 아직 아무데도 가지 못한 채 한이 남아서 근방을 떠다닌다는 말입니다. 그래서 하나의 망령이 유럽의 상공을 지금 떠다니고 있다는 것입니다. 마르크스는 기독교가 죽었다는 생각을 가지고 있었습니다. 기독교가 죽었다는 것을 누구에게서 들었을까요. 마르크스의 선생이 루트비히 포이어바흐(Ludwig A. F. Feuerbach)인데 그 사람이 『기독교의 본질』이라는 책을 썼습니다. 거기에서 마르크스는 기독교가 죽은 것을 발견한 것입니다.

그런데 기독교가 죽었다고 하는 것은 마르크스보다 20살 쯤 어린 니체(Friedrich W. Nietzsche)도 『차라투스트라는 이렇게 말했다』의 서두에서 "신은 죽었다"고 말합니다. "신은 죽었다"고 하는 말은 곧 '기독교가 죽었다'는 뜻입니다. 기독교가 죽었으니 다시 무엇인가가 나와야 할 것이 아닌가. 그래서 나온 것이 니체의 초인超人이라는 사상입니다. 니체의 초인 사상이나 공산주의의 독재라는 사상은 같은 것입니다. 공산주의의 독재는 스탈린이 했고, 니체의 초인은 히틀러가 한 셈이니까 두 사람이 결국은 같은 것입니다. 그런데 니체로 말하면 디오니소스의 종교를 내놓았고, 마르크스는 공산주의를 내놓았습니다. 모두 기독교는 죽었다는 것입니다.

그런데 종교라는 것이 왜 죽느냐? 사실 종교가 죽기는 쉽습니다. 서로 싸워서 죽는 겁니다. 장로교가 싸운 것, 여러분 다 알지 않습니까. 싸움으로 하나는 예수교 장로교가 되고, 하나는 기독교 장로교가 되었습니다. 외국 사람들은 예수와 그리스도가 싸운다고 합니다. 그렇게 되니 장로교는 죽게 되는 겁니다.

죽어서 무엇이 나왔나. 박태선 장로교라는 것이 나왔습니다.

이것이 곧 하나의 망령입니다. 우리는 또 감리교인데 감리교 얘기는 않겠습니다. 자꾸 얘기하면 안 되겠지요. 그러나 하여튼 어떤 종교든지 싸우면 죽습니다. 종교가 죽으면 그것으로 끝나면 좋지만 반드시 망령이라는 것이 생깁니다. 사람은 종교적 동물이기 때문에 종교 없이는 살지 못합니다. 그러니까 진짜 종교가 없어지면 가짜 종교라도 가져야 합니다.

과거 천도교가 깨어졌을 때 나타난 것이 백백교白白敎라는 것입니다. 백백교의 잔인성과 허위성은 이루 다 말할 수가 없습니다. 이렇게 진짜가 깨지면 언제나 가짜가 나오기 마련입니다. 기독교가 사랑의 종교이면, 그 다음엔 반대로 잔인한 가짜 종교가 나옵니다. 무엇이든 진짜가 없어지면 그것으로 끝나면 차라리 좋을 텐데 가짜가 반드시 나옵니다.

지금 우리나라에 종교가 자꾸 죽으니까 통일교라는 것이 또 나오지 않습니까. 교회가 제대로 살아있으면 어떻게 통일교가 나오겠습니까. 왜 박태선교가 나옵니까. 이쪽이 죽으니까 저쪽이 나오는 것이지, 이쪽이 살아 있는데 그런 것이 나오겠습니까.

그러므로 박태선 장로교가 어떻다, 통일교가 어떻다 하기 전에 우리 기독교가 살아야 합니다. 기독교가 살면 그런 것은 자연히 없어지게 마련입니다. 그러니까 지금 우리가 공산당이 이렇다 저렇다 그러지만 공산당이 문제가 아닙니다. 그건 하나의 기독교의 망령입니다. 천사가 타락하면 사탄이 되는 법입니다. 밀턴(John Milton)의 『실낙원』을 읽으면 잘 알 수 있습니다.

그렇듯 기독교가 타락하면 공산주의가 되고 맙니다. 이것은 어쩔 수 없는 하나의 현실입니다. 이 타락한 기독교가 회개를 하여 새 기독교가 되면 저쪽은 저절로 없어집니다. 망령은 저절로 사라지게 됩니다.

그러니까 지금은 우리가 통일교나 그밖의 다른 것들을 탓할 것이 아니라 우리 교회가 어떻게 되었나. 우리 교회의 꼴이 어떻게 되어가나 하는 것을 생각해야 할 때입니다. 우리 교회가 타락한 것이 아닌가. 우리 교회는 진리에 서있는가. 우리 교회는 정말 그리스도를 믿고 있는가. 그것을 우리가 계속 반성하고 회개하며 교회를 살려 가면 망령이란 저절로 없어집니다.

러셀(Bertrand Russell) 같은 사람도 공산주의란 진정한 기독교가 없어질 때 생겨나는 하나의 유사 기독교라고 했습니다. 이런 것을 우리는 유사종교라 합니다. 기독교에서의 신을 – 역시 러셀의 말입니다 – 저쪽에서는 '변증법적 유물론'이라고 합니다. 이쪽에서의 '그리스도'를 저쪽에서는 '마르크스'라고 합니다. 이쪽에서의 '교회'를 저쪽에서는 '공산당'이라고 합니다. 이쪽에서의 '교인'을 저쪽에서는 '프롤레타리아' 즉 '노동자'라 하고, 이쪽에서 '재림再臨'을 말할 때 저쪽에서는 '혁명'을 말합니다. 이쪽에서 '지옥'을 말할 때 저쪽에서는 '숙청'을 말합니다. 이쪽에서 '천년왕국'을 말할 때 저쪽에서는 '공산세계'를 말합니다. 러셀이 또 박또박 잘 비교해 놓았습니다. 그래서 공산주의라는 것은 세속적인 기독교라는 것입니다.

이 유사종교에는 언제나 '교주敎主'라는 것이 있습니다. 지금 계룡산에는 60여 유사종교가 있다고 합니다. 하기는 서울에만도 자기 자신을 예수라고 하는 사람이 60여 명이나 된다고 합니다. 언제나 유사종교에는 '교주'라는 것이 있고, '교도'가 있게 마련이고, '교리'라는 것이 나오고, 그것을 '원리'라고 그런다 합니다. 이상한 것이 나오는 거지요. 그러니까 공산주의의 김일성은 하나의 교주입니다. 모택동도 하나의 교주입니다.

공산당이라는 것이 있지요. 여러분, 당이라는 것을 한번 생각해 봅시다. 당에는 반드시 '당수'가 있고, '당원'이 있고, '당론' - 교리 같은 것 - 이 있지 않습니까.

유사종교가 되면 반드시 교주가 나와서 야단을 치고, 이상한 것을 하고 그러는 겁니다. 그러니까 진짜 기독교가 깨어지면 가짜들이 많이 나옵니다. 적敵그리스도가 나오게 되는 것입니다. 바울 시대에는 이 적그리스도를 상당히 문제시했습니다. 그 당시에는 이런 적그리스도로 말미암아 생긴 하나의 체제 - 그때로 말하면 로마 체제지요 - 와 다른, 조그만 체제들도 많았습니다.

그런 것을 대개 '악령'이라고 합니다. 에베소서 6장 11~12절에 보면, 정사의 권세와 세상을 주관하는 자와 하늘을 주관하는 악령이라는 말이 있습니다. 마르크스보다 세 살쯤 아래인 도스토예프스키(Fyodor M. Dostoevskii)가 『악령』이라는 소설을 썼습니다. 그 사람이 공산세계의 내용을 가만히 살펴보니 이것이야말로 유사종교라는 것입니다. 적그리스도라는 겁니다. 마르크스의 사회주의를 도스토예프스키가 문제 삼은 것입니다. 『카라마조프가의 형제들』에 대심문관이라는 것이 있습니다. 대심문관 속에서는 '악령'이라는 말을 쓰지 않고 '악마'라는 말을 썼습니다. 사탄이라는 거지요. 이 사람이 무엇을 사탄이라고 그랬습니까. 그 당시에 타락한 희랍정교를 뜻한 것입니다. 동시에 공산주의를 뜻하는 것이기도 합니다.

그런데 사탄의 성격을 도스토예프스키는 어디서 찾았나. 오늘 읽은 마태복음 4장에서 찾았습니다. 사탄의 성격이 무엇입니까. 세 가지가 있습니다.

그 하나가 '경제적인 기적'이라고 하는 것입니다. "돌로 떡을 만들어 먹는다." 경제적인 기적이지요. 이 경제적인 기적, 그것이 악마의 성격의 하나입니다.

또 하나는 정치적인 권력, 독재입니다. 공산주의적으로는 프로독재라는 것입니다. "나한테 절만 하여라. 그러면 이 세상 다 주겠다." 이것이 정치적인 권력이라는 겁니다.

또 "성전에서 뛰어 내려라"는 말을 했습니다. 말하자면 종교적인 신비라는 겁니다. 그러나 조금 더 깊이 파고 들어가면 문서적인 신비요, 또 더 파고 들어가면 공산당에서 말하는 과학적인 신비, 과학적인 사회주의가 됩니다.

이 과학적인 신비성, 정치적인 권력, 경제적인 기적, 이 세 가지가 악마의 성격입니다. 영국의 경제, 프랑스의 정치, 독일의 과학, 이 세 가지가 합쳐진 것입니다.

롤랑(Romain Rolland)의 『장 크리스토프』라는 소설은 영국 정신, 프랑스 정신, 독일 정신으로 되어 있습니다. 소위 유럽 정신이라는 것입니다.

그런데 공산주의란 무엇인가. 영국의 고전경제학, 프랑스의 사회주의, 독일의 유물변증법, 이 셋을 뭉쳐서 하나의 종교를 만든 것이 공산주의입니다. 그것은 유사종교니까 거기에는 서정이 있고, 광신적인 것이 있습니다. 결국 이 세 가지 요소가 뭉쳐서 공산주의가 되는데 핵심은 도스토예프스키의 말을 빌리면 "육肉이오" 그겁니다.

그러면 기독교가 죽어서 공산주의가 되었다면 죽기 전의 기독교의 핵심은 무엇인가. 도스토예프스키는 "영靈이오"라고 했습니다. 그러면 영과 육의 대립인데 영이란 말은 『카라마조프가의 형제들』에 '자유'라는 말로 나왔습니다. 영은 자유의 상징입니다. 영을 자유라는 말로 바꾸어 쓴 사람이 바울인데, 로마서 8장을 보면 육과 영이란 말을 쓰고, 육은 멸망이고, 영은 자유라고 했습니다.

2. 공산주의에는 자유가 없다

그러면 공산주의는 무엇인가. 공산주의에는 한 가지 없는 것이 있습니다. 자유가 없습니다. 공산세계에는 자유가 절대 없습니다. 거기서는, 절대, 보면 안 된다, 들으면 안 된다, 말하면 안 된다고 합니다. 이것이 공산주의 사회의 특징입니다. 그러니까 꼭 가두어 놓는 겁니다.

우리가 '철鐵의 장막'이니, '죽竹의 장막'이니 그러는데 정말 이북에 있으면 아무것도 모릅니다. 그래서 김신조 같은 사람은 서울에서는 촛불 켜고 산다고 들었는데 막상 와 보니까 전기불이 너무 환해서 그만 가슴이 철렁해서 수류탄을 떨어뜨렸다고 합니다. 이북 사람들은 아직도 우리가 촛불을 켜고 사는 줄 압니다. 일체 듣지 못한 때문이지요. 여기서 아무리 대북對北 방송을 해도 들을 수가 없습니다. 이북 신문에는 뉴스가 우리 대학신문 정도로 취급됩니다. 거의 다 공산당 이론 설명이고 뉴스라곤 몇 군데 조금 나오는데 뉴스랄 게 없습니다. 그렇게, 보지도 못하게 하고, 듣지도 못하게 하고, 말하면 죽입니다. 말하면 유언비어가 됩니다. 말은 절대 못합니다.

6월쯤 이북에서는 방역령防疫令이 내려집니다. 해주海州에 콜레라가 돌고 있다는 겁니다. 돌기는 뭐가 돕니까. 결국 땅굴 파겠다는 거지요. 콜레라가 돈다고 하면서 이웃 마을에도 못 가게 합니다, 콜레라 옮는다고. 그리고 콜레라 예방주사 준다고 하면서 뭘 주는지 모르겠습니다. 맹물을 주는지도 모릅니다. 가짜로 뭔가 주겠지요. 그리고는 옆에도 못 가게 합니다. 말도 못하게 하고 아무것도 못하게 합니다. 정말 철의 장막 속에 갇혀서 아무것도 모르고 사는 거죠. 그래서 거기엔 일체 자유라고 하는 것이 없습니다.

도스토예프스키는, 공산당의 세계는 가축사회 같다고 했습니다. 여러분, 오웰(George Orwell)의 『동물농장』이라는 책이 있습니다. 공산세계를 그린 소설인데 그들은 가축이나 똑같습니다. 꼭 가둬 놓는 겁니다. 그 대신에 가축의 세계에는 무엇이 있나. 그 대신 실컷 먹어라 하는 겁니다. 이것이 토지 분배라는 겁니다. 실컷 먹어라 이겁니다. 우리가 그곳에 있을 때는 사실 실컷 먹을 것도 없었습니다. 굶어 죽는 사람이 많았습니다. 하여튼 실컷 먹어라 이겁니다. 유혹 가운데 제일 큰 유혹이 무엇입니까. 먹자는 유혹 이상 더 큰 것이 있습니까.

오죽하면 예수도 첫 문제가 그것이었다고 했겠습니까. 예수가 얼마나 먹고 싶었으면 사탄의 유혹을 받았다고 했겠습니까. 이 먹는 문제를 해결해주겠다는 것이 공산당의 제안입니다. 그렇게 해서 배가 부르면 소화를 시켜야 될 것이 아닌가. 먹었으면 일해라 이겁니다. "천리마 운동이다", "120% 달성이다", "150% 달성이다", "노동 영웅이다" 하는 것이 모두 그겁니다. 실컷 일하고 그다음에 하라는 것이 무엇인가 하면 죽어라 이겁니다. 어디 가서 죽느냐. 일선에 나가 죽어라, 이겁니다. 이것이 인해전술이라는 겁니다.

6.25의 특징은 바로 인해전술입니다. 중공에서 계속 사람을 내려 보냅니다. 총을 가지고 내려오나 하면 그게 아닙니다. 맨손입니다. 그리고 수류탄을 하나씩 지녔는데 그게 수류탄이 아닙

니다. 나무에 먹을 칠한 겁니다. 그렇게 맨손으로 내려 보냅니다. 그러면 이쪽에서는 정말 공격해오는 줄 알고 자꾸 쏘아댑니다. 그들은 이쪽에 총알이 떨어질 때까지 내려 보냅니다. 한 사람이 총알 하나씩 맞고 죽어라 이겁니다.

스탈린그라드에서도 이 인해전술이 있었습니다. 제2차 세계대전 때 레닌그라드에서도 독일군의 탄알이 떨어질 때까지 소련 사람들을 내보냅니다. 사람들의 시체가 산더미 같이 쌓입니다. 상대방의 탄알이 떨어지면 그때 가서 점령합니다. 이것이 인해전술이라는 것입니다. 실컷 일하고 죽는 것이 인해전술입니다. 죽어라 이겁니다. 실컷 처먹고, 실컷 일하고 그러고는 죽어라 이겁니다. 이것이 공산당의 핵심인 유물변증법唯物辨證法이라는 것입니다.

3. 기독교와 공산당의 차이

그러면 기독교의 핵심은 무엇입니까. 저쪽이 가축의 세계라면 이쪽은 야생마입니다. 여기는 먹지 않아도 좋다 이겁니다. 산에 있는 짐승들에게 밥통에다 밥 담아 줍니까. 대신 거기에는 일은 없습니다, 돌아다니면서 노는 것뿐이지. 그리고 또 나가 죽을 필요도 없습니다. 자기 살 만큼 사는 겁니다. 그리고 이 기독교의 세계라는 것은 조금 먹는 겁니다. 그렇게 하고는 노는 겁니다. 그렇게 하고는 오래 사는 겁니다. 오래 산다는 말 대신에 '영생永生'이라는 말을 씁니다. 그런데 저쪽에서는 뭘 주장하는가 하면 '잘살자'[1]는 겁니다.

저들의 핵심이 무엇인가 그러면 잘살자는 겁니다. 무슨 짓을 해서라도 잘살아보자. 사람을 속여서라도, 죽여서라도 잘살아보자. 이것이 곧 유사종교입니다. 이것이 지금 공산당의 핵심입니다.

그러면 이쪽 기독교의 핵심은 무엇인가. 오래 살아보자는 겁니다. 영원히 살아보자는 것입니다. 결국 오래 산다고 하는 것과 잘산다고 하는 것이 문제입니다. 소크라테스는 사람이 '사는 것'이 문제가 아니라 '바로 사는 것'이 문제라고 했습니다. 사람이 '잘사는 것'이 문제가 아니라 '바로 사는 것'이 문제라는 겁니다.

우리가 공산주의로 갈 것이냐, 기독교로 갈 것이냐 하는 것은 정말 간단합니다. 우리가 정말 오래 살아보자, 영원히 살아보자, 그리고 참 살아보자고 하는, 참에 대한, 진리에 대한 갈구 없이는 다 공산주의입니다. 그래서 이북에 많은 목사들이 공산주의로 갔습니다. 이북에서 김일성이 수상 직에 있을 때 부수상이 홍기주 목사였습니다. 공산당 서기장은 서양욱 목사였습니다. 왜 그랬을까. 와서 하는 얘기가 그럴듯하니까 그 말에 속아서 그 사람들이 다 그리로 갔습니다. 공산당의 핵심이란 한마디로 '잘살아보자'는 겁니다.

---

1. '잘 살다'는 '옳고 바르게 살다'; '잘살다'는 '부유하게 살다'의 뜻임.

기독교의 핵심은 무엇인가. '바로 살아보자'는 겁니다. 이쪽은 '영靈'이고, 저쪽은 '육肉'입니다. 이쪽은 자유이고, 저쪽은 노예입니다. 저쪽에는 아무런 자유가 없습니다. 그냥 끌려 다니다 죽는 겁니다. 공산당에 들어갔다가는 나오지도 못합니다. 나오면 쫘 죽입니다. 그래서 남파된 간첩들도 막상 자수하기를 꺼립니다, 쫘 죽일 것 같아서. 그만큼 악독합니다.

4. 공산주의를 막으려면

공산주의가 어떤 건지 생각해보아야 하고, 또 우리나라가 공산주의가 되지 않으려면, 공산주의를 이기려면 무기만 생산해서는 안 됩니다. 공산주의를 막을 수 있는 것은 기독교 하나밖에 없습니다. 왜냐하면 공산주의는 우리가 잘못해서 나온 것이기 때문입니다. 우리 책임입니다. 우리가 정신 차리고 바로 살면 저절로 없어집니다. 우리가 6.25에 대해서 얼마가 죽었다, 살았다 그러고 있을 게 아닙니다. 우리가 정신 차리고 살아서 정말 기독교다운 기독교가 이 나라에서 나와야 합니다. 그리고 이런 기독교다운 기독교는 우리 교회에서 나와야 합니다.

우리가 다른 것은 못해도 우리의 기독교를 바른 기독교로 만들어서, 이 기독교로 공산주의를 쳐부수는 것, 이것이 우리가 나라를 사랑하는 가장 바른 길입니다. 예수 믿는 것이 무엇인가. 나

는 나라 사랑하는 길이라고 생각합니다. 그 이상 나라 사랑하는 길은 없다고 봅니다.[2]

---

2. 김흥호,『진리로 자유롭게 하리니』,〈김흥호 사상 전집·기독교 설교집 2〉(서울: 사색출판사, 2009), 12~27쪽. 본문의 소제목들은 편집자에 의한 것이다.

제4장 통일

8.15 해방이 됐는데 뭐가 나왔나 하면 발입니다.
6.25 전쟁, 그때는 몸뚱이입니다.
그런데 아직도 못 나오고 있는 게 있습니다.
머리입니다.
머리는 통일을 상징하고,
몸뚱이는 독립을 상징하고,
발은 자유를 상징합니다.
8.15가 돼서 우리는 자유를 얻었습니다.
그리고 6.25 전쟁이 끝난 다음에
우리는 독립을 얻었습니다.
그런데 아직도 못 얻은 게 있습니다.
통일입니다.
이런 걸 보통 우리가 난산難産이라 합니다.

통일의 어려움
2008년 5월 4일, 25일 이화여대 대학교회 연경반 성경강의

1.

당파싸움과 공산주의, 이것이 우리의 문제입니다.

공산주의라는 것 때문에 나라가 갈리고, 공산주의 때문에 6.25 전쟁이 생기고. 앞으로도 공산주의 때문에 통일을 하기 어렵고, 지금 그렇습니다. 이게 우리의 문제입니다.

그리고 또 하나는 조선왕조 오백년, 밤낮 당파를 만들어 싸우는 것, 이것이 버릇이 돼서 아직도 서로 계속 싸우고 있습니다. 나라보다도 당파를 더 생각하는 거, 그런 싸움이 지금 벌어지고 있습니다.

언제나 이 두 가지, 당파싸움, 또 이 공산주의, 이것이 우리를 괴롭게 하고 있습니다.

우리가 어떻게 해야 당파싸움에서 벗어나나? 조선왕조 오백년을 벗어나려는 것, 이 과거를 우리가 벗어나기 참 어렵습니다.

또 하나는 공산주의를 벗어나야 하는데. 이 공산주의라는 것

이 세계적으로 지금 여러 나라에 아직도 살아있기 때문에, 소련이 망한 것뿐이지 북한, 러시아, 중국 등 아직도 여러 곳에 남아 있습니다. 그리고 이건 지금 세계의 문제입니다. 세계적으로 해결하지 않으면 잘 안 되는 그런 문제입니다. 다 어려운 문제입니다.

거기에 대해서 우리가 어떻게 살아갈 건가? 이게 기독교가 가는 길입니다.

당파싸움 하지 말자 하는 평화사상, 싸움하지 말자.

공산주의라는 이 유물사상, 이 유물사상을 극복하자.

결국 유물사상을 극복하자고 하는 것이 '하나님을 믿는다'이고, 이 당파싸움을 극복하자는 것이 '그리스도를 믿는다'입니다. 기독교의 핵심이 하나님을 믿는 거하고, 그리스도를 믿는 거 하고, 이 두 가지입니다. 하나님을 믿는다고 하는 것, 이것이 얼마나 힘이 드는지, 이 유물사상, 무신론, 이것이 근세에 들어와서 굉장히 강하게 퍼져 나오고 있습니다. 그런 건 여러분도 다 아는 사실입니다.

그러면 어떻게 이 유물사상과 무신론을 이겨낼 수 있는가? 그것이 신앙의 초점입니다. 또 하나는 유태교를 믿는 사람들은 그리스도가 없다 합니다. 그리스도가 없다는 말은 평화가 없다는 말입니다. 유태 사람들 있는 데는 지금도 계속 싸우고 있습니다. 이스라엘하고 아랍 사람들하고 계속 싸웁니다. 이 전쟁이라는 거 그치질 않습니다. 어떻게 세상에서 이 싸움을 없앨 수 있을까?

우선 자기라고 하는 게 너무 강합니다. 이 자기를 이겨내야 하는데, 그리스도는 자기를 이긴 사람입니다. 내 뜻대로 하지 말고 아버지 뜻대로 해 달라, 이게 결국은 자기를 이긴 사람입니다. 그러니까 자기를 이길 수 있어야 합니다. 자기를 이기지 못하면 자기를 더 내세우게 됩니다. 이 사람도 자기를 내세우고, 저 사람도 자기를 내세우고, 그러다가 결국 당파싸움이 생깁니다. 언제나, 어느 시대든지 문제는 그겁니다. 자기라고 하는 걸 어떻게 극복하는가? 그게 돼야 하늘나라에 있게 됩니다.

부부, 남녀가 결혼해서 잘 살겠다고 하는 사람들이 한 사람은 제주도로 신혼여행 가자 그러고, 한 사람은 하와이 가자 그러고. 그만한 거 가지고 깨지는 부부들. 그거는 자기라고 하는 거, 이것을 이기지 못해서 그러는 겁니다. 하와이 간다, 제주도 간다, 그게 문제가 아니라, 자기라고 하는 이 소아小我가 딱 있어가지고 생명의 말씀을 받아들이지 못하는 겁니다. 그러니까 서로 싸우다가 헤어질 수밖에 길이 없습니다. 소아가 강하면 강할수록 이혼도 많아지게 됩니다. 결국 이 싸움이라는 건 어디서 나오나? 이 자기라고 하는 소아 때문에 나오는 건데, 예수 믿는다 하는 말은, 또 십자가라는 말은 결국엔 소아를 없애자 이겁니다. 그래서 우리가 대아大我로서 살아야 합니다. 그게 그리스도가 온 목적입니다.

2.

우리가 지금 제일 고통 받는 게 뭔가 하면 조선왕조 5백년 유교의 영향입니다. 유태 사람들이 유태교의 영향을 받듯이 이 유교의 영향이 큽니다. 이 유교의 영향이라는 게 좋은 게 아니고 당파싸움입니다. 조선왕조 오백년 우리가 실컷 한 게 당파싸움입니다. 그래서 이순신 같은 충신도 그 당파싸움의 희생자였습니다. 죽도록 얻어맞고, 직함도 빼앗기고, 백의종군 하고, 나중엔 배 열두 척 가지고 일본 배 삼백 척하고 싸우게 되는, 그런 비참한 지경까지 가게 되었습니다. 그게 다 어디서 나오나 하면 이 당파싸움입니다.

여러분, 이 당파싸움의 여파라는 게 지금까지도 계속 내려오고 있습니다. 요새 우리 국회 봐도 밤낮 싸우는 게 당파싸움입니다. 뭐 다른 생각은 없습니다. 서로 나쁘다 하고, 뭐 하면 어쩌고 어쩌고. 자꾸 한다는 게 남의 흠, 트집만 만들어냅니다. 왜 그렇게 당파싸움이 강한지. 우리가 앞으로 남북을 통일하려고 하는 판에 우리끼리 통일 못하면 어떻게 하겠습니까. 우리끼리라도 좀 통일이 돼야 하지 않겠습니까? 당파싸움이 아니라 당이 서로 합쳐서 우리나라를 더 좋은 나라로 이끌어가자, 이렇게 돼야지, 좌익, 우익도 한번 왼발을 뗐으면 한번 바른발을 디디자, 이렇게 돼야지. 바른 발은 자꾸 왼발 흉보고, 왼발은 자꾸 바른 발 흉보고, 꼬집고 갉아 째고 자꾸 그러고 있으니 이게 우리가 언제 철이 들

려는지 알 수가 없습니다. 결국 조선왕조 오백년의 당파싸움이 아직도 우리를 괴롭히고 있습니다.[1]

---

1. 『성경전서 구약강해』(미간행)

난산難産
2007년 5월 6일 이화여대 대학교회 연경반 성경강의

호세아 13:13
비피산부譬彼産婦 분만심난分娩甚難.
비피영해譬彼嬰孩 유체어자궁지간濡滯於子宮之間 부지기위不知其危.
해산하는 여인의 어려움이 그에게 임하리라. 그는 지혜 없는
자식이로다. 해산할 때가 되어도 그가 나오지 못하느니라.

비피산부譬彼産婦, 저 산부를 비유해서 말하면 분만심난分娩甚難, 어린애를 낳는 데 굉장히 고생하고 있습니다. 고생이라기보다는 죽는 수도 많습니다. 제일 큰 문제가 어린애가 거꾸로 나오는 겁니다. 어린애 머리가 나오면 몸과 발은 저절로 쑥 나오게 됩니다. 그런데 발이 먼저 나오고 머리가 안 나오면 난산難産입니다. 이게 지금 그 얘기입니다.

지금 우리나라가 그렇게 된 겁니다. 8.15 해방이 됐는데 뭐가 나왔나 하면 발이 나왔습니다. 6.25 전쟁, 그때는 몸뚱이가 나왔

습니다. 그런데 아직도 못 나오고 있는 게 있습니다. 머리입니다.

무슨 말인가 하면 머리는 통일을 상징하고, 몸뚱이는 독립을 상징하고, 발은 자유를 상징합니다.

8.15가 돼서 우리는 자유를 얻었습니다. 그리고 또 6.25 전쟁이 끝난 다음에 독립을 얻었습니다. 그런데 아직도 못 얻은 게 통일입니다. 이런 걸 보통 우리가 난산難産이라 합니다.

대한민국 하나가 나온다는 게 아주 난산입니다. 이게 지금 세계적인 문제입니다. 거기다가 지금 김정일이 핵폭탄까지 만들어 놓았으니까 더 난산입니다.[1]

---

1. "우리 역사는 지난 1500년 동안 계란상태로 살아온 것인데 비로소 3.1운동으로 깨어나기 시작한 겁니다. 대한민국이 태어나기 시작한 것인데 왜 이런 격변을 겪는가 하면 태어나는 진통 때문입니다. 어린애가 나올 때 머리부터 나오면 순산인데 다리부터 나오면 난산입니다. 우리나라가 태어나는 과정은 다리부터 나온 난산입니다. 머리라는 통일부터 나왔으면 좋은데 다리부터 나온 겁니다. 3.1 운동이 나온 것도 제1차 세계대전이라는 전란의 고통 속에서 나온 것이요, 8.15도 제2차 세계대전의 결과로 나온 거니까 결국 대란이 곧 산고의 고난인 겁니다. 전란戰亂의 '난'이나 고난苦難의 '난'은 같은 것입니다. 그래서 나는 이 두 가지 뜻을 겹쳐서 대한민국의 탄생을 난산이라 합니다.

    8.15 해방으로 우리가 다리라는 자유는 얻었는데 몸통과 머리는 아직 나오지 못했습니다. 그래서 몸통이 나오기 위해서 겪었던 고난이 6.25라는 것입니다. 6.25를 동란이라 하지만 그것도 어찌 보면 세계전란입니다. 유엔군과 소련, 중공, 북한이 싸운 것이니까 이것도 세계대란이라 할 수 있습니다. 이런 대란을 겪으면서 그 진통으로 나온 것이 독립이라는 몸통입니다. 그런데 아직도 머리가 나오지 않았습니다. 머리가 나와야 통일인데 아직 통일이 안 된 겁니다. 그래서 앞으로 통일이 되려면 또 한 번 대란의 진통을 겪어야 합니다. 그 대란이 지금 우리에게 다가오고 있는 것입니다. 그때가 언제인지는 알 수 없습니다. 지금까지 50년 넘게 기다렸는데 앞으로 몇 년이나 더 있어야 될지 모르지만 느낌이 별로 멀지는 않은 것 같습니다."(「제자, 스승에게 길을 묻다」, 조선일보 2004. 09. 13)

지금 이산가족 만난다고 그러는데, 이산가족 천만 명이 있고 백 명씩 만나면 몇 십 년에 걸쳐 만나야 되는데 언제 끝날지도 모릅니다. 이걸 왜 하는지 모르겠습니다. 백 명씩 그렇게 만나면 뭐 합니까? 난 벌써 언제 신청해뒀는데 아직도 부르지 않습니다. 언제 나가려는지. 이산가족 만난다는 게 하나의 공작 아닙니까? 왜 자꾸 이런 일이 있는지, 이거 정말, 통일하기가 이렇게 어렵습니다. 세계에서 지금 제일 어렵지 않습니까? 통일 못한 거, 우리밖에 없잖습니까? 이게 지금 세계에서 가장 난산입니다. 이것이 현재의 대한민국입니다.

비피영해譬彼嬰孩 유체어자궁지간濡滯於子宮之間 부지기위不知其危, 애기가 자궁 속에서 유체濡滯. 젖을 유濡, 머물 滯체. 머리가 나오지 못한다. 이럴 때 애기가 못 나오면 죽기도 합니다. 사산死産입니다. 어머니가 죽는 수도 많습니다. 이게 아주 난산입니다. 그러니까 부지기위不知其危, 그게 얼마나 위험한지 모릅니다. 우리 한국이 지금 얼마나 위험한지 모릅니다. 세계적으로 가장 위험한 나라가 한국입니다.[2]

---

2. 『성경전서 구약강해』(미간행)

통일의 문제를 극복하려면
2007년 9월 9일, 16일 이화여대 대학교회 연경반 성경강의

1.

유태 민족의 역사가 아브라함으로부터 지금까지 내려온 것이 약 4000년입니다. 구약시대 유태 민족은 독립이라고 해보기는 180년 정도입니다. 구약시대 유태 사람들의 염원은 독립에 있었습니다. 그래서 이 사람들 생각의 핵심이 율법입니다. 그게 모세의 십계명입니다.

그런데 이 신약시대가 되면 독립에 대해서는 결국 포기합니다. 포기하고 그보다는 '세계를 어떻게 하나' 하는 문제가 생겨났습니다. 예수는 나라를 독립시키겠다고 나온 사람이 아니라는 겁니다. 유태 사람들은 예수가 기적도 행하고 하니까, 이 사람이면 우리가 독립할 수 있겠다, 해서 독립할 희망을 가졌는데, 예수의 생각은 전혀 달랐습니다. 예수는 나라를 어떻게 하겠다 그런 생각은 전혀 없었고, 민족보다도 온 세계를, 혹은 인류를 구원하고자 했습니다. 이사야가 말한 대로 세계가 구원되기 전에는 국가

는 구원될 수 없다, 하는 그런 생각이었습니다. 이사야의 생각을 예수가 실현하려고 했던 것입니다.

　이제는 온 인류가 같이 살기 위해서는 법으로 어떻게 하는 것이 아니고, 우리가 요새 일본, 중국, 미국 이렇게 할 때 거기에 무슨 법이 있는 게 아니죠. 국제법이라고 하는 게 있긴 있습니다만 그건 맥을 못 추죠. 지금 우리가 필요한 것은 서로 믿는 것입니다. 우리가 미국을 믿고, 다른 나라도 믿는, 소위 옛날말로 하면 붕우유신朋友有信이죠. 친구끼리는 서로 믿는다 그래서, 붕우유신이란 말이 있듯이, 온 세계 사람들이 서로 믿고 같이 사는 거지, 거기에 무슨 법이 있어서, 그건 아니지요. 이 세계시대, 혹은 인류시대에서 제일 중요한 건 '믿음'입니다. 신약의 핵심은 믿음이지, 법이 아니란 말입니다. 구약의 핵심은 율법이라는 법이고, 신약의 핵심은 믿음입니다. 예수는 구세주지, 세계를 구하는 사람이지, 무슨 나라를 어떻게 하겠다 하는 사람이 아닙니다. 그는 세계를 구원하는 사람입니다. 왜 그런고 하니, 그때는 로마가 세계를 지배하는 때였습니다. 단순히 마케도니아나 이쪽 아프카니스탄이나 파키스탄, 인도뿐만이 아니라 이집트도 지배하게 되었습니다. 그때는 그쯤을 세계로 보았습니다. 로마가 세계를 지배했습니다. 로마가 로마 전체적으로 말하면 2000년 역사지만 그 가운데 1000년이 예수 이후입니다. 그때는 세계를 생각했지, 무슨 국가를 생각하거나 그런 건 없었습니다. 그때 환경이, 로마라고 하는 나라가 결국 세계를 하나로 만든 거지, 무슨 국가가 아니란 말입니다. 그런데 그 로마에 기독교가 합세하면서 신성로마제국이란 것이 나오게 되었습니다.

그런데 예수의 생각은 세계를 구원하자는 것으로서, 이게 소위 신앙입니다. 그러나 율법의 세계는 나라의 힘으로, 개인의 힘으로 지켜가는 것입니다. 이것은 자력自力으로 하는 세계입니다. 그러나 이 신앙의 세계는 타력他力의 세계입니다.

우리가 1945년 해방이 됐다 해도 이건 타력으로 한 거지, 우리의 힘으로 한 것은 아닙니다. 앞으로 통일한다 그래도 이건 타력에 의한 것이지, 우리의 힘으로 하기는 어렵다는 것입니다. 요새 6자 회담이다 하는 것도 타력이지, 우리가 북한을 어떻게 할 수는 없지 않습니까. 우리가 하는 건 북한한테 쩔쩔매고 그러는 건 했지, 다른 뭐 하는 게 아무것도 없다고 볼 수 있습니다. 결국 북한이 원자탄을 만들면 남한 사람을 죽이지, 누굴 죽이겠습니까? 원자탄 만들어 미국에 갖다 떨어뜨리겠습니까? 일본에 갖다 떨어뜨리겠습니까? 남한밖에 죽일 게 없습니다. 그러니까 이 원자탄을 없애야 남한 사람들이 살겠다 그래서 지금 6자 회담 하는 거 아닙니까?[1]

우리의 해방도 타력으로 됐고, 독립도 타력으로 됐으니, 통일

---

[1] 6자 회담은 북한의 핵 문제 해결을 위해 2003년 8월 27일에 처음 열린 한반도 주변 6개국의 회담이다. 참가국은 대한민국, 러시아, 미국, 일본, 북한, 중국이다. 2007년 2월 13일 2.13 합의가 이루어져 일단 문제 해결의 실마리가 잡히기 시작했다. 합의의 주 내용은 북한의 핵시설 폐쇄와 불능화, 핵사찰 수용, 중유지원 100만 톤 상당의 경제적 지원 등이었다.(위키백과)

도 타력으로 되는 거지, 이게 우리의 힘만으로 되지는 않을 것입니다. 세계가 우리를 도와 살려줘야지, 우리가 우리의 힘만으로 살린다, 그건 안 될 것입니다. 물론 우리도 열심히 일하고, 노력하고, 최선을 다해야 하지만, 우리의 통일문제, 이건 세계에 의해서 해결될 것입니다. 이렇게 되면 이걸 타력이라 그럽니다. 내 힘으로 되는 게 아니고, 세계의 힘으로 된다는 것입니다. 우리나라 통일의 문제는 기독교 신앙의 세계처럼 타력에 의해서 통일이 될 것이라 생각합니다.

2.

가난하다, 슬프다 하는 것, 결국 그 당시 유태 사람들의 현실이 우리 일제강점기하고 비슷해서 아마 한없이 가난했을 거고, 한없이 비참했을 거고, 한없이 짓밟혔을 거고, 한없이 기다리느라고 목이 말랐을 겁니다.

그러니까 이 현실을 바꾸기 위해서는 갑자기 바꿀 수는 없고 우리의 마음부터 바꾸는 수밖엔 길이 없습니다. 우리의 현실이 바뀌어진 건 세계 제2차 대전이 일어나서 바뀌어졌지 그렇지 않으면 바뀌어지지 않았을 겁니다. 그러나 이런 일이 일어나기 전에 우리의 마음부터 이 어려운 고비를 넘어가야 합니다. 우리의 마음이 고비를 넘지 못하면 현실이 와도 그 현실을 제대로 받아들일 수가 없습니다.

자비慈悲, 견신見神, 평화平和, 의사義死.
믿음을 갖게 되면,
자비, 마음이 넉넉하게 되고.
견신, 마음이 깨끗해져서 하나님까지도 볼 수 있게 되고.
평화, 마음이 평화롭게 되고.
의사, 마음이 튼튼해서 죽음도 이길 수 있게 되고.

이런 건 믿음이 생긴 후 그렇게 됩니다. 믿음이 생기기 전에는 비참하죠. 믿음이 생기고 나면 이렇게 달라집니다. 달라지면 다시 옛날 그 비참한 세계를 봐도, 아무리 가난해도 아무렇지 않다. 안빈낙도安貧樂道라 그러지요. 가난해도 도를 즐기니까 안빈낙도, 아무렇지도 않다. 또 아무리 비참해도 아무렇지도 않다. 아무리 짓밟혀도 아무렇지도 않다. 아무리 목이 말라도 아무렇지도 않다. 그렇게 해서, 다시는 현실이 우리에게 별로 아픔을 주지 않게, 그렇게 됩니다. 결국 비참하던 현실을 마음으로 받아들여 우리가 믿음이 생기면 그 다음엔 자비, 견신, 평화, 의사, 이런 세계로 갑니다. 그런 세계로 가면 그 다음에 현실을 받아들일 때는 마음이 가난한 자는 복이 있나니, 천국이 저희 것이요, 그런 식으로 바뀌게 됩니다. 그래서 요 두 가지가 전과 후가 아주 달라지는 그런 것을 경험하게 됩니다.

거짓말만 하는 바리새교인, 예수가 제일 싫어한 것이 거짓말입니다. 기독교에서는 '아멘'이라 합니다. '아멘'이라는 말은 거짓말이 아니다, 참말이라는 말입니다. 진실이란 말입니다. 예수가 제일 싫어한 것이 거짓말, 또 하나 싫어한 것이 남을 미워하는 것, 그래서 예수는 자꾸 사랑해라, 사랑해라 그럽니다. 요한복음에 보면 악마가 뭔가? 사람 죽이는 것, 거짓말 하는 것, 이것이 악마라는 것입니다.

공산주의가 사람을 많이 죽이잖아요. 공산주의 그러면 거짓말에는 일등 아닙니까? 언젠가 몇 해 전에 신문에 난 걸 봤더니, 북쪽에서 38선을 건너왔다 그럴까, 38선을 어긴 것이 4만 번이랍니다. 4만 번인데, 자기네들이 건너왔다 그러는 건 2번 밖에 없답니다. 난 그래서 2번도 다행이다, 4만 번 다 안했다 그러지, 왜 2번은 했다 그러나. 그러니까 이 거짓말이라는 게 보통이 아닙니다.

그리고 의라고 하는 건 옳을 의義 자인데 구체적으로 말하면 우리의 의지입니다. 의지, 뜻이라는 겁니다. 우리의 뜻이 달라져야, 우리의 뜻이 올바라야, 그 뜻이 어떻게 돼야 하나? 한없이 굳어져야 합니다.

우리를 무너지게 하는 어려운 일, 우리를 영광스럽게 하는 빛나는 일, 세상에는 이런 두 가지 일이 있습니다. 우리를 죽어라 죽어라 하는 때도 있고, 우리를 살아라 살아라 하는 때도 있고. 세상에는 이렇게 두 가지가 다 있습니다. 그런데 그 두 가지에 대해서 다 부동, 움직이지 않아. 아무리 어려운 일이 와도 꿈쩍도 안하고, 아무리 영광스러운 일이 와도 꿈쩍도 안한다. 그런 거를 무엇에 비교하나 하면 여수미如須彌라, 화엄경 배울 때 수미산이라고 있었지요. 수미산은 이 세상에서 제일 높은 산인데, 그 산 꼭대기에서는 하늘나라하고 연락되는 산입니다. 인도 사람들은 제일 높은 산을 수미산이라 합니다. 요새 말로 하면 에베레스트죠. 의지는 에베레스트처럼 굳어야 한다, 그 소리입니다. 우리의 의지는 산다, 죽는다, 여기에 흔들리지 않아야 합니다. 그만큼 의지는 굳어야 합니다. 마음은 하나님을 볼 수 있도록 깨끗해야 되고, 우리의 의지는 죽음도 무서워하지 않을 만큼 단단해야 합니다. 그렇게 되어야 자비, 너그러운 마음도 생기고, 평화스러운 마음도 생깁니다.

팔복음의 핵심은 역시 견신見神 하는 마음의 깨끗함과 의사義死 하는, 의지의 단단함, 이 두 가지가 팔복음의 핵심인 것 같습니다. 우리가 그 두 가지만 가지고 있으면 얼마든지, 어려운 세상을 건너갈 때도 아무렇지 않고, 하늘나라로 가는 데도 조금도 부족함이 없는 그런 삶이 될 것입니다. 나는 이 팔복을 넷으로 가르고, 그 넷을 다시 둘로 나눠서, 견신見神, 의사義死, 이 두 가지로, 하나는 마음의 문제이고. 하나는 의지의, 뜻의 문제이고. 마음은 하늘처럼 텅 비고, 뜻은 에베레스트처럼 단단하고. 마음은 비고, 의지는 단단하고. 이 둘이 팔복의 핵심이 아닌가, 그렇게 생각합니다.

그다음에 우리가 할 일은 무엇인가? 거기 '심득心得'이라 그랬는데, 우리의 마음을 어떻게 가져야 하나? 어떤 마음가짐인가? 성경에는 좁은 길로 가라, 그렇게 써놓았습니다. 그런데 좁은 길로 가라, 남 다 가지 않는 독특한 길을 가라, 남 다 가는 길 자꾸 가려고 그러지 말고 남이 가지 않는 독특한 길을 가라, 남들이 다 가는 길은 지옥 가는 길이다. 남이 가지 않는 독특한 길, 산길, 산에 올라가는 길, 그건 남이 가지 않는 길이지요. 높은 길이지요. 좁은 길로 가라를 난 지금 '독獨' 자를 썼습니다. 그러니까 혼자서도 겨울에 갈 수 있는 그런 길을 가라는 겁니다. 남 다 가는 길이 아니고 나 혼자 갈 수 있는 그런 길을 가라. 다시 말하면 자기의 개성을 살릴 수 있는, 자기의 개성을 살려서 자기가 뭘 하면 좋은지 자기의 개성을 살려서 자기만이 갈 길, 문학을 해도 자기만이 할 수 있는 문학, 종교라고 해도 자기만의 종교, 그렇게 내게 맞는 게 뭐 있을 겁니다. 그래서 난 '좁은 길로' 하는 걸 '독獨' 자로 썼습니다. 나 혼자 가는 길을 갈 수 있어야 합니다.

그 다음엔 선생님한테 배워야 합니다. 거기 둘째가 뭐냐 하면 '거짓 예언자를 삼가라' 그랬는데, 거짓 선생님을 삼가야 합니다. 진짜 선생님을 만나야 합니다. 우리가 소크라테스 그러면 그건 진짜 선생님이다. 소피스트 그러면 건 가짜 선생이다. 그래서 플라톤은 진짜 선생하고 가짜 선생을 구별할 줄 알아야 한다고 했습니다. 그런데 우리에게도 또 역시 진짜 선생이 있고, 가짜 선생이 있습니다. 소크라테스 때, 필로소파하고 소피스트가 있었던 것처럼 우리에게도 마찬가지입니다. 그래서 우리는 진짜 선생님을 찾아가야지, 가짜 선생님을 찾아다니면 안 됩니다.

유영모 선생 그러면 진짜 선생님입니다. 그 분 속에는 가짜라는 게 하나도 없습니다. 세상에는 진짜 선생님, 가짜 선생님 하는데 진짜 선생님한테 배워야 합니다. 왜 그래야 하나? 그래야 우리에게서 깨달음이 나오게 됩니다. 깨달음이란 뭐냐? 자기 자신을 알게 되는 것입니다. 소크라테스를 찾아가야 자기 자신을 알게 되지, 소피스트를 찾아가면 자기 자신을 모르게 됩니다. 깨달음이란 자기 자신을 아는 것입니다. 자기 자신을 알고 사는 거하고, 자기 자신을 모르고 사는 거 하고, 이건 하늘과 땅 차이입니다. 자기 자신을 알고 살면, 아침에 도를 들으면 저녁에 죽어도 좋고. 아침에 도를 듣는다는 게 뭔가? 아침에 자기 자신을 알면 저녁에 죽어도 좋다는 겁니다. 그만큼 자기 자신을 안다는 게 중요합니다. 우린 그냥 거저 살려고 하는데, 그렇게 하면 안 됩니다. 반드시 우리 자신이 뭔지를 알고서 살아야 합니다. 그걸 우리가 '깨달았다' 하고, '진리를 깨달았다'라고도 하고, 다 같은 말입니다.

자기 자신을 알아야 그다음에 자유가 있지, 자기 자신을 모르고 어디 자유가 있겠습니까. 그래서 진리가 너희를 자유롭게 하리라, 이런 말이 나오게 됩니다. 또 자유가 있어야, 자유가 돼야 남을 가르칠 수 있지, 자유가 못되면 남을 가르칠 수가 없습니다. 뭐든지, 음악 그러면 음악에 대해 자유가 있어야 남을 가르칠 수 있지, 자유가 없는데 어떻게 남을 가르칠 수가 있겠습니까. 뭐든지 마찬가지입니다. 그러니까 선생이 된다는 건 뭔가? 자유인이 되는 것입니다. 자유인이 돼야 선생이 되지, 자유인이 못되면 선생이 될 수가 없습니다. 자유인이 되려면 깨달아야 합니다. 깨달으려면 진짜를 배워야 합니다. 진짜를 배우려면 좁은 길로 가야 합니다. 좁은 문으로 들어가야 합니다. 다 같은 말입니다.

반석 위에 지은 집은 무너지지 않는다. 이것도 깨달은 사람은 무너지지 않는다. 아침에 도를 들으면 저녁에 죽어도 좋다. 그래서 반석 위에 세운 집이지요. 아침에 도를 들으면 저녁에 죽어도 좋다. 반석 위에 세운 집이 돼야 그다음엔 남을 도울 수 있다는 것입니다.

그래서 유영모 선생님은 "먹고 자라는 것과 집 되거든 남을 알라" 하셨습니다. '먹는 것'은 우리가 먹는 거지요. '자라는 것'은 잠자는 것도 자라는 거고, 키가 크는 것도 자라는 거고, 공부하는 것도 자라는 거고, 거기 다 들어갑니다. '먹고' 그러면 밥 먹는 것도 먹는 거고, 우리가 글을 배우는 것도 먹는 거고, 다 먹는 겁니다. 지식이나 음식이나, 하나는 입으로 먹는 거고, 다른 하나는 마음으로 먹는 거고, 다 먹는 겁니다. 그래서 '먹고' 하는 것이 첫째고, '자라는 것'은 자야 자꾸 자라고, 자라야 또 잘하죠. 먹고 잘 자라야 한다는 겁니다. 또 '집'이라 그럽니다. '집'이 되어야 음악가, 예술가, 종교가, 무슨 가家, 무슨 가家라 해서 하나의 깨달은 경지에 가는 겁니다. 집이 돼야, 깨달아야, 그래야 남을 알 수 있다. 남을 알 수 있다는 거는 남을 가르칠 수가 있다. 집이 돼야, 진리를 깨달아야 남을 가르칠 수 있다, 자유롭게 남을 도와줄 수 있다. 그래서 유영모 선생님은 항상 그 네 가지입니다. 먹고, 자라고, 집 되거든 남을 알라.

우리가 뭘 해야 되나? 우리 한 사람, 한 사람이 다 배우고 깨닫고 가르칠 수 있어야 합니다. 그러니까 그건 여러 가지로 생각하지 말고, 아무거나 자기가 배워야 하고, 아무거나 자기가 깨달아야 하고, 아무거나 자기가 자유를 얻어야 하고. 그건 음악이니, 예술이니 뭐든 자기가 잘 하는 게 있어야 하고, 그걸로 남을 도와줄 수 있게 되고. 뭐든지 자기를 통해서 다른 사람을 살리는 그런 자기가 돼야 한다. 이것이 산상수훈의 내용입니다.

제일 나쁜 것이 거짓말, 또 하나는 사람을 죽이는 것, 다르게 말하면 미워하는 것이지요. 요새 우리나라에 거짓말이라는 게 너무 많아졌습니다. 맨 거짓말 아닙니까? 우리나라가 악마의 나라인지, 하나님의 나라인지 모르게 됐습니다. 기독교인이 1천만이라면, 이게 하나님의 나라가 되어야 할 게 아니겠습니까. 그런데 왜 이렇게 악마의 나라가 되나 하면 기독교라는 거, 이게 기독교가 아니기 때문입니다.

자꾸 믿음만, 믿음만 하니까, 바로 살 생각을 안 하게 되는 겁니다. 바로 사는 건 안 하고 믿음만, 믿음만 하니까 교회만 자꾸 커지고, 집만 자꾸 커지고, 그래서 교회는 하나님의 무덤이다, 그런 책까지 나왔습니다. '살아계신 하나님'의 교회가 아니고 무덤입니다. 믿음과 행함이 같이 가야지, 행함 없인 안 됩니다.

위선지사자僞善之士子, 거짓말만 하는 바리새교인, 사자士子는 서기관, 기유화호其有禍乎, 화있을진저. 멸망할 놈들이다. 유태 나라가 이 사람들 때문에 망하고 말았지요.

자칫하면 기독교 때문에 한국이 망할 수도 있습니다.

그러니까 우리가 기독교를 좋게만 보면 안 됩니다. 불교 때문에 고려가 망하지 않았습니까. 개성에 절간이 몇 개 있었냐 하면 8만 9천 암자가 돼가지고 고려가 망했다 합니다. 고려의 중 가운데 신돈이라는 나쁜 중이 있잖습니까. 그러니까 이 종교가 나라를 살릴 수도 있고, 죽일 수도 있습니다.

공산주의라는 것도 하나의 종교입니다. 'pseudo religion'이라 그러는데, 의사종교疑似宗敎입니다. 공산주의가 그겁니다. 변질된 기독교, 그것이 공산주의입니다. 카를 마르크스 그러면 그는 신학교 졸업생입니다. 그거 보면 우리가 알 수 있지 않습니까. 그러니까 이 종교가 사람을 살릴 수도 있고, 죽일 수도 있습니다. 종교가 진실이 돼야지, 종교가 거짓말하기 시작하면 안 됩니다. 목사는 언제나 참말을 해야지, 목사가 거짓말하기 시작하면 안 됩니다. 이 거짓말, 참 나쁜 거죠. 그래서 위선지사자僞善之士子, 이 거짓말만 하는 바리새교인, 너희들이야말로 화있을 진저.[2]

2.『성경전서 구약강해』(미간행)

제5장 자유 · 독립 · 통일

나는 이 계시를
1장은 해방, 우리가 자유를 획득하는 것,
2장은 독립,
3장은 통일,
이렇게 생각합니다.
1장, 2장, 3장이 모두
하나님의 힘으로 이루어진다,
나는 이렇게 생각합니다.
하나님의 힘이 우리나라의 역사에 작용하신다,
우리는 반드시 통일을 할 것이다,
하나님께서 우리를 이렇게 해방시키고,
독립시키고,
통일시키는 데는
하나님의 뜻이 있을 것이다.
나는 그렇게 생각합니다.

국가의식은 자유·독립·통일을 가지는 것
2005년 10월 9일 이화여대 대학교회 연경반 고전강의

기치지일야其致之一也, 모든 것이 다 뿌리가 있어야 한다. 거기에 있어서는 다 같다.

뿌리 없는 사람들, 이것은 그냥 지엽말단입니다. 그러니까 자꾸 분열이 됩니다. 우리나라에 제일 부족한 게 뭔가 그러면 국가의식입니다. 국가라는 게 우리의 뿌리인데 그것이 부족합니다. 그렇기 때문에 통일을 못하고 있습니다. 그래서 우린 자꾸 분열되고 있습니다.

철학이라는 건 뭔가? 국가를 어떻게 하자는 거, 이게 철학입니다. 플라톤의 철학이란 뭔가? 이상국가를 만들자는 겁니다. 서양 사람들이 제일 강한 건 뭔가? 국가관이 강합니다. 우리는 국가라는 의식이 참 약합니다. 그럼 뭐가 강한가? 가족의식이 강합니다. 누가 간다 그러면 인천공항까지 나가는 건 문제도 아닙니다. 누구 한 사람이 앓는다 그러면 병원에 온 식구가 다 들어가서 야단치지요. 그러나 우리는 국가라는 의식은 참 약합니다.

우선 제일 큰 문제가 군대는 통 안 갈라 그럽니다. 조금이라

도 뭐 있는 사람들 중에는 군대를 안 가는 사람도 많습니다. 그러나 이 국가의식이 강한 나라에서는 군대라는 건 제일 먼저입니다. 미국 같은 데서는 징병제 안 해도 지원하는 사람이 많다고 합니다. 왜? 그 사람들은 제일 중요한 거는 나라다 이렇게 생각하니까. 그 사람들은 굉장히 법을 잘 지킵니다. 왜? 법을 지키지 않으면 나라가 되지 않으니까.

우리는 법이라는 걸 아주 형편없이 생각합니다. 어떻게 하건 법을 안 지키려 그러고, 국가를 자꾸 멀리 하려 합니다. 그러니까 우리에게 제일 약한 것이 국가고, 제일 강한 것이 가족이고. 제일 약한 것이 법이고, 제일 강한 것이 정情이고. 전부 다 정으로 어떻게 해보려고 자꾸 그렇게 야단칩니다. 그래서 우리에게 제일 약한 것이 뭔가 그러면 국가관입니다. 오늘 여기에 심즉리心卽理 그러는 것은 국가를 어떻게 하자는 것입니다. 성즉리性卽理 하는 것은 가족을 어떻게 하자는 것입니다.[1]

하늘 그러면 셋이고, 땅 그러면 넷입니다. 땅은 가족에 해당하는 거고, 하늘은 국가에 해당합니다. 나라하고 집하고는 결국 하늘과 땅의 차이가 있다는 것입니다. 하늘 그러면 언제나 셋입니다. 무극無極・태극太極・양의兩義, 이 셋은 하늘에 속한 것입니다. 그러나 아버지, 어머니, 아들, 딸, 이건 집에 속합니다. 집이라는 건 아버지, 어머니, 아들, 딸 이런 식입니다. 하늘은 언제나 셋으로 돼있는데 이 셋으로 돼있다는 건 뭔가 하면 통일・독립・

---
1. 여기서 심心은 하늘, 성性은 땅을 의미한다.

자유, 이게 국가라는 겁니다. 나라라고 하는 건 언제나 통일이 돼야 하고, 독립이 돼야 하고, 자유가 있어야 하고. 그러니까 이 통일·독립·자유가 없으면 나라가 되질 않습니다.[2]

북한은 아직도 김일성이 있으면 그다음에 아들 김정일이, 또 다음에 정남이라나 누구라나, 가족주의로 나오려고 합니다. 가족주의로 나오면 통일이 안 됩니다.

신라 그러면 신라 때도 박씨인가, 석씨인가, 김씨인가 그러고. 조선왕조라 해서 이씨가, 김씨가 세도하고, 이거 다 가족이지, 나라라는 의식이 없습니다. 신라 때도 나라라는 의식이 없었습니다. 백제도 그렇습니다. 그렇게 되니까, 전부 다 가족 위주니까 통일하기가 참 어려운 것입니다. 밤낮 삼국, 삼한, 이렇게 갈라 있는 거지, 이것이 하나의 국가로 돼야 하는데 그게 되질 않았습니다.

조선조 때도 제일 안 된 것이 통일이었습니다. 밤낮 당파싸움이지. 또 고려 때 제일 안 된 것은 독립이었습니다. 원나라에 속하나, 명나라에 속하나, 이러고 살았습니다. 독립정신이 가장 희박한 때가 고려 때입니다. 고구려 때도 을지문덕이 중국을 쳤다고 을지문덕 아주 나쁜 놈이라고 한 사람도 많았다 합니다. 어떻게 중국을 치느냐 우리 조국인데, 이렇게 말했다 합

---

2. 우리나라 태극기는 바로 이 원리에 의한 것이다. 태극기에는 통일, 독립, 자유의 원리가 들어있다. 김흥호, 『노자·노자익 강해: 무지·무위·무욕』 제1권, 김흥호 사상전집·노장사상 1(서울: 사색출판사, 2013), 119~133쪽 〈노자 이해의 전체요령〉에서 태극기 원리에 대한 설명이 있다.

니다.

그리고 자유가 가장 없는 때가 신라 때입니다. 왜? 당나라를 끌어다가 백제를 쳐놨으니까. 그러다가 나중에 당나라가 고구려를 잡아먹고 마니까, 그만 만주, 북한 다 빼앗기고 말았습니다. 그러고 신라는 겨우 어디에 머물러 있었나 하면 청천강 이남, 거기에 갇혀서 살게 되었습니다. 그러니까 신라 땐 우린 말하자면 하나의 포로, 하나의 포로생활이었지, 자유라는 게 일체 없었습니다.

우리가 자유를 제일 느낀 때는 만주에서 고구려, 이때입니다. 수나라하고도 싸우고, 당나라하고도 싸우고, 이럴 때였습니다. 그런데 신라 때부터는 당나라하고 싸운다, 수나라하고 싸운다, 이런 생각을 못했습니다. 밤낮 그저 잡아먹으시오, 이러고 엎드려 있는 거였습니다. 더구나 고려 때가 되면 그저 꼼짝 못하고 원나라면 원나라, 명나라면 명나라, 밤낮 굴복하고 살았습니다. 조선왕조 때는 더 말할 거 없습니다. 그러니까 우리나라는 지금까지 자유도 못 누리고, 독립도 못하고, 통일도 못하고, 이 세 가지를 다 못했습니다. 왜 못했나? 국가의식이 없었기 때문입니다.

나라에서 압록강, 두만강 국경비 갖다가 세우라 그러면 만주 어디다 무슨 강인가에 갖다 놓든지 해야 하는데, 이거 백두산 남쪽에다 갖다 놓고 왔답니다. 나중에 중국하고 국경이 문제가 돼서, 중국이, 너희 국경비 세운 거 그걸로 하자, 그래서 보니까 함경도 절반이 없어지더라는 겁니다. 우리나라 사람들이 그 꼴이었습니다. 될 수 있는 대로 만주 복판 가운데 좀 갖다 놨으면 얼마나 좋습니까. 그땐 뭐 아무도 없는 때 아닙니까. 저 발해에 갖다 놓든지 말이죠. 그런데 이걸 함경도 가운데쯤 갖다놓고 왔다는 겁니다. 그래서 나중에 중국하고 국경 따져보자 그러니까 이거 함경도 다 내주게 됐다. 그래서 할 수 없이 두만강으로 하자 그래서 두만강이 국경이 되고 말았습니다. 그래 그만큼 우리는 국가의식이라는 게 통 없습니다.

이순신이 제일 좋다 그러는 건 국가의식이 강했다는 것입니다. 그러니까 집안 다 무시하고 그냥 나라를 위해서, 백의종군하면서도 나라를 위해서 싸운 것입니다.

우리나라가 지금 제일 약한 것이 뭔가 그러면 국가의식이 없다는 것입니다. 그 국가의식이 없다는 것은 다른 말로 하면 뭔가? 철학이 부족하다. 철학이라고 하는 건 뭔가? 국가의식을 만들자는 거지, 가족의식을 만들자는 게 아닙니다. 그러니까 철학에서 제일 중요하게 생각하는 건 뭔가? 통일·독립·자유, 이게 철학의 내용입니다.

왕양명王陽明이 제일 중요하게 생각한 것이 뭔가 하면 통일·독립·자유, 이것이었습니다. 그래서 우리나라에서 왕양명의 양명학을 받아들이지 못한 것입니다. 퇴계退溪도 왕양명의 책을 읽긴 읽었으면서도 받아들이지 못했습니다. 밤낮 주자학만 하다가 결국은 망하고 말았습니다. 이 가족의식이라고 하는 건 국가의식한테 이길 수가 없습니다. 서양은 제일 중요하게 생각한 것이 국가니까 그 국가의 힘을 가지고 밀고 들어오는데, 우리는 가족 가지고 밀고 간다, 이건 말이 안 됩니다.

자, 기치지일야其致之一也, 그래서 일一이라고 하는 게 뭔가? 국가의식, 즉 통일·독립·자유, 이것입니다.[3]

---

3. 김흥호, 『노자·노자익 강해: 무지·무위·무욕』 제5권, 김흥호 사상 전집·노장사상 1(서울: 사색출판사, 2013), 78~83쪽 〈제39장 국가의식〉

한국 사람이 할 일
1995년 3월 19일 이화여대 대학교회 연경반 성경강의

요한복음 5장 17절
예수께서 그들에게 이르시되
내 아버지께서 일하시니 나도 일한다 하시매,

요한복음 6장 29절
예수께서 대답하여 이르시되
하나님께서 보내신 이를 믿는 것이 하나님의 일이니라 하시니,

요한복음 16장 9절
죄에 대하여, 라 함은 그들이 나를 믿지 아니함이요,

'하나님이 일하시니 나도 일한다.' 이것은 유명한 말씀이고, 요한복음 6장 29절에 '하나님께서 보내신 자를 믿는 것이 우리의 일이다.' 그런 말씀이 또 있습니다. 나를 보내신 자, 물론 우리

기독교에서는 그리스도를 하나님께서 보내신 자, 그렇게 말합니다.

요한복음 16장 9절에 보면, '나를 믿지 않는 것이 죄니라.' 그렇게 또 죄가 무엇인지 정의가 나옵니다.

이런 몇 말씀을 생각하면서 오늘 내가 여러분에게 말씀 드리려고 하는 것은 대학교회에서 여러 번 말씀드린 것을 또 한 번 하겠습니다.

나는 1945년 8월 15일까지는 일본에 있었습니다. 16일에 일본을 떠나서 한국에 돌아온 것이 8월 18일이었습니다. 내가 일본 히로시마에 원자탄이 떨어진 지 1주일 만에 그 곳을 지나갔습니다. 나는 원자탄의 피해가 어떤 건지 내 눈으로 직접 본 사람입니다.

8월 18일, 평양에 도착해서 제일 먼저 찾아가 인사드린 분이 조만식 선생님이었습니다. 그리고 평양에서 우리 집까지 120리, 진남포까지 기차를 타고, 그다음에는 자동차를 타고 광양만이라는 데에서 내려서 우리 집은 한 20리 더 걸어 들어가야 합니다. 그 곳은 아주 시골이었습니다.

집에 돌아간 다음 교회에 갔습니다. 교인들이 해방이 됐다고 얼마나 기뻐하는지 모릅니다. 그때는 정말 누구든지 얼싸안고 춤추고 싶은 그런 심정이었습니다. 교회 안에서는 계속 찬송을 부르고 하나님께 감사기도를 드렸습니다. 이때 우리 지방의 교인들이 다 모여서 하나님께 감사드리는 부흥회를 열자고 했습니다. 우리 동네에서 10리 정도 가서 노하리라고 하는 교회가 있었는데, 노하리 교회가 우리 지방에서 도시적으로 지은, 제일 큰 교회였습니다. 그래서 그 교회에서 한 주일 동안 부흥회를 했습니다. 물론 바쁠 때니까 낮에는 집회가 없었고, 밤 8시부터 10시까지 모였습니다. 그리고 그 근방에서 제일 훌륭한 목사님을 청했습니다.

지금은 이북 땅이 되어서 잘 모르겠지만, 함종이라고 하는, 한 40리쯤 떨어진 곳에서 목사님을 모셔다가 부흥회를 했습니다. 보통 새벽 1시경에 끝났습니다. 마지막 토요일 부흥회가 끝났는데 그 교회 김인호 장로님이 나에게, 오늘은 집에 가지 말고 목사님과 같이 자라고 했습니다. 목사님도 내일 새벽 3시나 4시에 떠나야 하니까 같이 일어나서 떠나라고 했습니다. 그래서 그 목사님하고 같이 자게 됐습니다.

그런데 그 목사님은 잠자기 바로 전에 자기가 한 가지 모를 일이 있는데 선생님은 대학을 졸업했으니까 자기보다 더 나을 것 같아서 물어보고 싶다고 했습니다. 그날은 1945년 8월 29일이었습니다.

1945년 4월 9일 함종 교회 예배당에서, 새벽 3시에 혼자 기도를 하고 있었는데 기도하다가 눈을 떠보니까 흰 벽에 빛이 하늘에서 들어오고 있었다. 그 빛을 쳐다보니 빛 속에는 한국지도가 있었다. 한국지도 가운데에 금이 하나 그어지고, 만주에서는 호랑이 한 마리가 내려오고 있었다. 그런데 북쪽은 싸늘한 기운으로 꽉 차있었고, 남쪽에는 무궁화 한포기가 자라나 꽃을 피웠는데 서편으로 기울었고 그리고는 빛이 사라졌다.

목사님은 이것을 어떻게 생각했나 하면, 만주에서 소련하고 싸우려고 하는 일본의 관동군이 있었는데, 그 호랑이를 관동군으로 생각했습니다. 그 관동군이 내려와서 한국 사람들을, 특히 기독교인을 다 죽이는 게 아닌가, 그렇게 생각했답니다. 그런데 죽이면 다 죽일 텐데 왜 절반을 그어 놓고서, 남쪽에는 무궁화가 피었을까, 그것을 모르겠다는 것입니다.

그래서 한참 엎드려서 하나님께 알려 달라, 그러고 기도를 하는데, 또 고개를 드니까 빛이 들어와 다시 한반도의 지도가 나타났다. 지도 가운데 선은 높아지면서 성곽이 됐다. 만주에서 호랑이가 계속 남으로 내려오고, 북쪽에 있는 사람들은 다투어 그 성벽을 타고 넘어서 남쪽으로 내려가는 것이었다. 나중에는 그 호랑이도 성벽을 넘어서 내려왔다. 그렇게 되니까 사람들은 남쪽으로 밀리게 되었다. 그때 대만 북쪽에서 큰 사람들이 4, 5명 바다 속에서 쑥쑥 나오더니, 그 사람들이 한국에 올라와 호랑이를 몰아 북쪽으로 다시 보내어 우리 속에 집어넣었다. 그것으로 또 빛이 사라졌다.

목사님은 더 모르게 되었습니다. 그래서 역시 일본 관동군이 남쪽까지 다 가서 그렇게 되는구나, 그렇게만 생각했습니다.

그다음에 더 기도를 했는데, 한참 기도하다가 또 머리를 드니까 빛이 다시 나타났다. 역시 같은 한국지도가 보였다. 그런데 그 우리 속에 있던 호랑이가 울타리를 깨뜨리고 넘어왔다. 그때 남쪽에서 흰옷을 입은 사람이 나타나 그 호랑이와 싸워 종래 호랑이를 쓰러뜨렸다. 그랬더니 그때 주변의 많은 사람들이 태극기를 흔들면서 만세를 부르고 있었다. 그러고는 그 빛이 없어졌다.

8월 29일에 내가 들은 말입니다. 그때는 아직 38선도 없었고 아무것도 없던 때였습니다. 그래서 그 목사님하고 나는 기도하고 앞으로 어려운 일이 많이 생길 텐데 우리 열심히 기도하면서 삽시다, 하고 헤어졌습니다.

그런데 그 후에 38선이 생겼습니다. 미군이 주둔했지, 소련군이 내려왔지, 이북에 공산정권이 섰지, 남쪽엔 또 남쪽 정권이 섰지, 차차 제1장은 역시 8.15에 대한 하나님의 계시였다, 그렇게 생각하게 되었습니다.

나는 이북에서 중고등학교 교장을 하고 있었는데 그 함종 교회 목사님이 47년에 나를 찾아왔습니다. 찾아와서 하는 말이, "아무래도 내가 전에 선생님께 말씀 드린 것이 심상치 않다. 나는 여기서 우리 교회를 지키다 죽을 테니, 당신은 이남으로 넘어가라"고 했습니다. 그래서 나는 이남으로 넘어왔습니다.

그러다가 6.25 나기 닷새 전에, 그때 조만식 선생의 비서가 남한에 와있었는데, 박학전 목사라고 영락 교회 부목사이었습니다. 6.25 나기 닷새 전에 그분을 만나서 그 얘기를 했습니다. 그리고 6.25가 터졌습니다. 나는 1.4 후퇴 때 제주도로 갔습니다. 제주도에서 박학전 목사를 또 만났습니다. 그리고선 그분이 "요전에 선생님이 말씀하시던 제2장이 시작되는 것 같다"고 했습니다. 6.25가 끝나고, 서울에 왔고 결국은 한국이 이렇게 독립을 했습니다. 그래서 나는 이제 제2장이 지나갔다, 이렇게 생각합니다.

나는 남한에 와서 이 말을 여러 번 했습니다. 이화여대 채플 시간에도 아마 대여섯 번 했고, 김활란 박사한테도 말했고, 유영모 선생님한테도 말했고, 국방부 교회 가서도 말하고, YMCA에서도, YWCA에서도 말하고, 한 동안 이 말을 많이 했습니다. 또 『빛과 소금』이라는 잡지에도 썼고, 『대화』라는 잡지에도 썼습니다.

앞으로 남아있는 것이 제3장인데, 3장이 뭘 말하는지 아무도 모릅니다. 나도 전혀 모릅니다. 나는 우리가 올림픽에서 북한하고 경쟁을 해서 이기나 그런 생각도 해봤습니다. 그런데 올림픽에는 북한이 참석을 안했습니다. 카터가 북한에 간다는 말을 듣고서 카터가 흰옷을 입은 사람이 되나, 이런 생각도 했습니다. 그런데 그만 김일성이 죽고 말았습니다. 도끼만행 사건의 김정일은 숨어있고 요새는 남쪽 비방을 한없이 하고 있습니다. 지금, 그리고 앞으로, 어떻게 될 건지, 정말 가둬진 호랑이가 다시 우리를 부수고 쳐내려올 건지, 정말 아무도 모릅니다.

그러나 결론은 확실합니다. 결론은 호랑이는 쓰러지고 태극기가 전국에 휘날릴 것만은 확실합니다. 그래서 통일만은 확실합니다. 그 경로가 어떻게 되든지 간에.

나는 이 계시를 어떻게 생각하나 하면, 첫 1장은 해방, 우리가 자유를 획득하는 것, 2장은 독립이고, 3장은 통일입니다. 1장, 2장, 3장이 역시 하나님의 힘으로 이루어지는 것이다, 나는 그렇게 생각합니다. 하나님의 힘이 우리나라의 역사에 작용하신다, 우리는 반드시 통일을 할 것이다, 하나님께서 우리를 이렇게 해방시키고, 독립을 시키고, 통일을 시키는 데는 하나님의 뜻이 있을 것이다, 라고 생각합니다.

그 뜻을 나는 어떻게 생각하나 하면, 16세기는 이태리가 세계를 지도했습니다. 17세기는 프랑스가 세계를 지도했고, 18세기는 독일이 세계를 지도했습니다. 19세기는 영국이 세계를 지도했습니다. 그리고 20세기는 미국이 세계를 지도했고, 지금 21세기는 일본의 해가 아닌가 합니다. 그리고 22세기는 반드시 한국이 세계를 지도하게 되지 않나 생각합니다. 이것이 내 소망입니다. 우리가 오늘 여기 모이는 것도 22세기를 위해서, 22세기에는 우리가 이 세계를 지도해야 할 것이기 때문입니다. 그 막중한 책임을 우리가 감당하기 위해서 이렇게 모여서 예배를 드리고 공부하고 있지 않나, 하는 것입니다.

한국 사람의 제일 큰 관심은 종교에 있는 것 같습니다. 일본 사람들은 모이면 회사 차려놓고 돈 버는 얘기만 하고, 중국 사람들은 모이면 자장면 먹는 얘기만 한다는데 한국 사람들은 모이면 교회를 만듭니다. 어떡하든지 교회를 만들고, 모여서 예배보고, 기도하고, 그게 한국 사람들의 특징인 것 같습니다. 영국 가서도 그러고, 독일 가서도 그러고, 미국 가서도, 어디나 그렇습니다. 한국에선 교회 안 다니던 사람도 외국에 가면 다 다닙니다.

한국 사람의 특징은 이 종교, 혹은 복음에 있습니다. 이 복음을 가지고 세계를 구원하는 것이 한국 사람의 할 일이다, 라고 나는 생각합니다.

그렇기 때문에 우리 한국 사람이 제일 고쳐야 할 것이 있는데 그것은 우리가 가지고 있는 이 기독교, 우리가 거의 백년이 됐다고 그러는데, 백년 된 기독교를 고쳐야 되겠다는 것입니다. 이런 기독교로 계속 가다가는 손뼉만 치게 되고, 영생교 같은 것만 자꾸 나오게 될 것이니까 그것을 가지고는 우리가 도저히 세계를 향하여 종교로 말할 힘이 없습니다.

　복음이란 바울 선생님의 말대로 하나님의 힘입니다. 하나님의 힘을 가지고 세계의 많은 사람들을 구원해야 할 텐데, 그러기 위해서는 우리 기독교가 새롭게, 정말 새롭게 태어나지 않으면 안 됩니다.

　기독교는 어떤 종교인가? 기독교란 한마디로 말하면, 통일과 독립과 자유입니다. 이것이 기독교의 본질입니다. 우리는 기독교의 본질을 정확하게 파악하고, 분명하게 깨달아야 합니다. 정말 통일이 뭔지, 독립이 뭔지, 자유가 뭔지, 이것을 우리 기독교인들이 제대로 아는 것, 이것이 급선무입니다.

　내가 이렇게 서 있으면, 우리의 머리는 뭘 가리키나? 통일입니다. 우리 몸통은 독립을 가리킵니다. 우리의 다리는 뭘 가리키나? 자유입니다. 자유는 마음대로 뛰어다니는 것입니다. 독립은 똑바로 서는 것입니다. 통일은 머리를 통해서 몸 전체가 하나가 되는 것입니다.

　그러나 우리는 지금까지 통일해본 적도 없고, 독립해본 적도 없고, 자유해본 적도 없습니다. 우리는 일제의 노예로서 36년을 보냈고, 이조 500년이라 그래도 중국의 속국이었습니다. 그리고 또 지금 50년은 분단으로, 이렇게 보내고 있습니다. 그러니까 분열과 노예와 속국, 이게 우리의 역사입니다. 제대로 한 번 독립도 못해보고, 한 번도 통일도 못해보고, 한 번도 자유를 못 누려 본

역사입니다.

　이런 역사를 가진 민족이 이스라엘이고, 유태 사람들이었습니다. 그들은 남북으로 분단이 됐고, 그리스의 속국이 되고, 로마의 속국이고, 그리고는 이집트에, 바빌론에 노예로 끌려갔습니다. 우리와 꼭 같은 사정이 유태 사람들입니다. 하나님께서 유태 사람을 택해서, 독립을 하고, 통일을 하고, 자유를 얻도록 하셨습니다. 나는 그렇게 생각합니다. 유태 사람들을 특별히 선민으로 뽑아서 이스라엘의 왕을 일으켜 세워 새로운 역사를 시작하신 것입니다. 거기서 나온 것이 기독교입니다.

　그런데 동양에서는 유태 사람하고 똑같이, 갈리고, 쓰러지고, 끌려 다니고, 이런 역사가 한국 역사입니다. 2천 년, 3천 년 전에 유태 사람을 통해서 하신 그 큰일을 하나님께서는 우리 민족을 통해서 세계역사에 나타내려고 그러지 않나 하는 것입니다. 그래서 우리는 우리도 모르게 해방이 되었습니다. 우리도 모르게 또 독립이 되었습니다. 그러니까 우리도 모르게 통일이 될 것입니다. 하나님께서 이런 선물을 우리에게 줬으니까 우리 한 사람, 한 사람이 정말 다시 정신을 바짝 차리고 우리도 자유와 독립과 통일을 달성해야 되겠습니다.

　간단히 말하면 우리의 몸은 자유로워야 하고, 우리의 마음은 정직해야 되고, 우리의 영혼은 통일이 되어야 합니다. 이것이 기독교에서 말하는 몸과 마음과 영혼입니다.

　동양식으로 말하면 천지인天地人 삼재三才라 합니다. 영혼은 무엇과 같은가? 하늘(天)과 같습니다. 육신은 무엇과 같은가? 땅(地)과 같습니다. 사람(人)은 무엇과 같은가? 나무와 같습니다.

땅은 길이고, 마음은 진리고, 우리의 영혼은 생명입니다. 그래서 예수님께서 나는 길이요, 진리요, 생명이니라 하셨습니다. 길은 자유로워야 합니다. 우리의 마음은 정직해야 합니다. 나무같이 정직해야 합니다. 세상에 나무같이 정직한 것이 어디 있습니까. 우리의 생명은 하늘처럼, 태양처럼 영원해야 합니다. 우리가 영생이라고 한 것입니다.

그래서 나는 '일'이라고 할 때, 한글 동그라미(ㅇ)는 생명이요, 통일입니다. 내리 그은 것(ㅣ)은 독립, 정직입니다. 아래 받침인 리을(ㄹ)은 자유입니다. 자유, 독립, 통일. 예수님의 말로 하면, 길이요, 진리요, 생명입니다.

우리의 몸은 언제나 길과 하나가 되어야 합니다. 그래서 우리의 몸은 언제나 수도修道가 필요합니다. 우리 마음은 언제나 진리와 하나가 되어야 합니다. 진리와 하나가 되어야 언제나 정직할 수 있습니다. 간디에게 진리가 무엇입니까, 그랬더니 간디 대답이 "거짓말 안 하는 것이 진리다"라고 했습니다. 생명이라는 것은 통일입니다. 생명은 끝이 없다. 영원한 생명입니다. 길과 진리와 생명, 이것이 복음의 핵심입니다.

복음이라는 것은 사람의 형상과 같습니다. 하나님의 형상이 무엇인가. 동그라미, 내리 그은 것, 리을(ㅇ, ㅣ, ㄹ), 이것입니다. 우리가 할 일은 한마디로 말하면 '사람이 되는 것'입니다. 사람이 되어야지, 사람이 못 되면 우리가 누구한테 가서 큰 소리를 치겠습니까. 우리의 역사가, 혹은 한국 사람은 아주 더럽다, 정직하지 못하다, 이렇게 지탄을 받아가지고서야 누구한테 가서 큰 소리를 치겠습니까. 한국 사람은 어디에서 봐도 정말 사람다운 사람이다, 그런 칭찬을 받을 수 있어야 합니다. 우리가 노력을 해서 참사람이 되어야 합니다.[1]

---

1. 김흥호,『빛 힘 숨: 십자가 부활 승천』, 요한복음 강해 5, 〈김흥호 사상 전집 · 성경강해 1〉(서울: 사색출판사, 2011), 63~74쪽

나의 애국관
2008년 3월 16일 이화여대 대학교회 연경반 성경강의

기독교는 서양에서는 널리 알려져 있는데, 동양에서는 아직 시작도 못했습니다. 동양에서는 기독교가 중국에 세 번 들어갔다가 쫓겨 나왔습니다. 동남아도 전부 소승불교가 자리 잡고 있어서 기독교가 들어갈 틈이 없습니다. 인도는 힌두교니까 들어갈 틈이 없습니다. 그래서 동양에는 기독교가 아직 백지상태라고 봐야 합니다. 일본에도 기독교인이 1프로도 안 됩니다. 일본의 큰 교회라 그러면 450명 정도 모이는 데가 제일 큰 교회이고, 보통 교회라 그러면 60명, 40명, 그게 일본교회입니다. 우리처럼 몇 천 명 모이는 교회는 없습니다. 어떻게 하다 이렇게 됐는지 모르지만 아시아에서 기독교가 제일 성한 데가 한국입니다.

그래서 나는 옛날 이스라엘 사람들이 선택됐듯이 한국 사람들이 선택된 게 아닌가, 이게 내 생각입니다.

내가 왜 그런 말을 자꾸 하나 하면, 여러 번 말했지만 1945년 8월 15일, 16일 지나 17일에 한국에 돌아왔습니다. 한국에 돌아

와서 처음에 찾아뵌 사람이 조만식 선생입니다. 선생님께 해방이 됐는데, 제가 뭘 해야 되겠는지 물었습니다. 그랬더니 조만식 선생님이 가르치는 거 밖에 없지 않느냐. 우리가 정신을 깨우지 못해서 일제한테 짓밟혔는데 이제 우리가 살 길은 우리 백성들의 정신이 깨어나야 한다. 그러려면 교육밖에 더 있나. 우리가 앞으로 교육에 대해서 얘기하자, 하셨습니다.

내가 사는 평안남도 용강군에는 중학교가 하나도 없었습니다. 우리 면에는 초등학교도 없었습니다. 내가 초등학교 다닐 때는 광양만까지 걸어가서 다녔습니다. 우리 집에서 초등학교까지 20리, 8킬로입니다. 20리를 왔다 가면 40리입니다. 10리를 보통 어른이 1시간 걷는데 초등학교 1학년 학생이 하루에 40리를 걸어서 왔다 갔다 했습니다. 그래서 지금도 내가 걷기를 잘 합니다. 그때 20리는 오히려 가깝고 우리 집에서 10리 더 먼 학생도 다녔습니다. 60리를 걸어 다니는 거였습니다. 우리 면에서 중학교 간 사람이 두 사람이고, 우리 군에서 대학 간 사람이 두 사람이었습니다. 그 중 하나가 내가 간 것이었습니다.

일제강점기 시대는 우리나라의 암흑시대입니다. 교육이라고 하는 건 한국 사람들한테는 통 허락되지 않았습니다. 그때는 조선이라 그랬는데 조선에 대학이라는 건 하나밖에 없었습니다. 대학도 한 클래스가 40명이라 그러면 일본 사람들이 30명 차지하고 한국 사람들은 10명 정도 되었습니다. 1년에 대학 나온 한국 사람들은 10명 정도밖에 안 되었습니다. 연세대, 전문학교였습니다. 고려대, 전문학교. 이화여대도 전문학교. 다 하이스쿨로 등록되었습니다. 그러니까 그때는 대학 다닌다는 것이 보통 일이 아니었습니다.

그런 때 해방이 됐으니까 우선 우리 군에도 중학교가 있어야겠다 그래서 열심히 면장, 군수 찾아다니며 설득해서 중학교를 하나 세웠습니다. 그리고 또 나보고 교장을 하라 그래서 중학교 교장이 됐습니다. 그래서 내가 시작한 일이 학교 선생으로 시작했습니다. 그렇게 하고 2년 있다가 이남으로 넘어왔습니다.

그런데 1945년 8월, 지금 확실친 않지만 대개 28일, 8월 말 정도에 면 전체에서 우리 교회와 여러 교회가 연합해서, 하나님의 은혜로 해방이 됐는데 하나님께 감사하는 부흥회를 하자 해서 한 마음이 되어 1주일 동안 부흥회를 했습니다. 낮에는 못하고 밤 8시부터 시작해서 10시, 혹은 길게 가면 11시까지 했습니다. 시골교회가 다 그렇습니다. 한 주일 동안 그렇게 부흥회를 했는데, 그 근방에서 가장 신령한 목사라고 하는, 함종면에서 제일 큰 교회 목사님을 모셔다가 8.15 해방 감사 부흥회를 하게 됐습니다. 그래서 정말 다 은혜를 받고 마지막 토요일 밤 10시 반쯤에 예배도 끝나서 집으로 돌아가려고 했습니다. 그런데 그 목사님이 오늘밤은 같이 자고 4시에 깨서 우리 40리를 걸어가야 되니까 난 4시에 떠나고 또 당신도 4시에 떠나자 그래서, 하룻밤을 같이 자게 됐습니다.

그런데 그 함종 목사님이 자기 바로 전에, "내가 한 가지 물을게 있는데 그래서 가지 말라고 한 겁니다. 김 선생은 그래도 대학을 나왔으니까 많이 알 것 같아서" 하면서 내게 이야기를 하나 하셨습니다.

1945년 4월 9일 새벽 3시에 함종 교회에서 새벽기도를 하는데 한참 기도하다 보니까 어디서 환하게 빛이 들어와 흰 담벼락에 한국지도가 나타났다. 그 지도 가운데 선 하나가 그어져 있었다. 북쪽에서는 만주에서 큰 호랑이가 하나 내려왔다. 남쪽에서는 무궁화 꽃 한포기가 피었다. 그런데 남쪽은 따뜻하고 북쪽의 공기는 싸늘했다.

그런 것을 봤다고 하셨습니다.
이것이 '계시'입니다. 그런 계시를 받았습니다. 자기가 생각하기를 만주에 있는 호랑이는 일본군인들, 그걸 소위 관동군이라 그랬습니다. 그때 당시엔 전쟁이 끝날 줄은 모르고 한국에 좀 똑똑한 사람은 다 죽인다. 좀 인텔리들은 다 죽인다는, 그런 소문이 돌았습니다. 이제 관동군이 결국은 대학살을 하려는가 보다. 일본사람들이 남경에서 대학살을 했습니다. 남경에서 20만 명을 죽였습니다. 독가스로. 그러니까 우리나라에서도 인텔리나 사상가가 있으면 다 잡아 죽인다는 풍문이 자꾸 돌았습니다. 그 목사님은 어떻게 생각했나 하면 관동군이 내려와서 인텔리를 다 죽인다 그렇게 생각했습니다. "그런데 이상한 거는 왜 가운데 금이 그어져 있나? 왜 북쪽만인가? 남쪽에 무궁화라는 건 도대체 뭔가? 전혀 알 수가 없다. 관동군이 오면 다 죽일 것 같은데, 왜 여기 금이 그어져 있나?" 그걸 목사님이 모르겠다는 거였습니다.

다시 한참 기도하다 보니 담벼락에 또 한국지도가 나타났습니다.

한국지도의 가운데 그려졌던 선이 점점 높아져서 하나의 성벽을 이루었는데, 북쪽에 있는 호랑이가 자꾸 내려오니까 사람들이 그 성벽을 넘어갔다. 많은 사람들이 남쪽으로 넘어갔다. 마지막에는 그 호랑이까지 성벽을 넘어왔다. 호랑이가 남쪽으로 내려가는데 대만 북쪽의 바다에서 큰 사람들이 네 다섯 명 나왔다. 그 사람들이 인천쪽으로 올라와서 그 호랑이를 북쪽으로 몰아 울타리 속에 가두었다. 그렇게 하고는 계시가 사라졌다.

이번에는 호랑이가 남쪽으로 내려가면 다 잡아먹을 거지, 어떻게 그렇게 바다에서 사람이 올라와서 또 몰고 가는지, 이것도 또 모르겠다는 것입니다.

그리고 또 기도하다가 보니, 제3의 계시지요.

호랑이가 우리를 부수고 나와 또 남쪽으로 내려왔다. 그러니까 남쪽에서 한 사람이 일어나서 그 호랑이하고 싸웠다. 호랑이와 끝까지 싸워 마침내 호랑이를 쓰러트렸고 그 사람도 쓰러졌다. 호랑이는 쓰러져 있고 그 싸우던 사람이 일어났는데 주변에 많은 사람들이 태극기를 흔들면서 만세를 부르고 있었다.

이것이 제3의 계시입니다.

그 분이 1945년 4월 9일에 본 계시의 내용이 이 세 가지입니다. 그런데 그해 아마 10월에 38선이 막힌 것 같습니다.[1] 북쪽에는 소련군이 들어오고, 남쪽에는 미군이 주둔했습니다. 정말 북쪽에는 군정이 실시되고, 남쪽에도 미군정이 실시되었습니다. 그런데 김일성이 북한 쪽에 내려와, 이름이 김성주였는데 김일성으로 고쳐가지고 북쪽에서 인민위원회라는 걸 만들었습니다. 남쪽에는 건국과 함께 이승만이 대통령으로 선출되었습니다. 그래서 처음 계시는 확실하게 남쪽에 무궁화 꽃이 피었다는 것, 북쪽에는 싸늘한 호랑이가 내려왔다는 것입니다.

나도 나중에 철학을 공부하다 보니까 공산주의란 변증법적 유물론, 혹은 유물변증법입니다. 그리고 혁명적 사회주의입니다. 그 혁명적 사회주의는 반대하는 사람들은 모두 다 잡아 죽입니다. 스탈린한테 죽은 사람이 2천만입니다. 스탈린한테 2천만이 죽으면서 소련이라고 하는 나라가 된 것입니다. 그리고 유물변증

---

1. 미국과 소련은 1945년 9월 북위 38도선을 경계로 한반도를 분할 점령하였다.(위키백과)

법이라는 건 정반합으로 자꾸 자꾸 움직여가는 겁니다. 유물론이란 물건입니다. 나는 그것을 동물이라 그럽니다. 움직이는 물건이지요. 말하자면 혁명적 사회주의는 포악한 동물이다, 난 그렇게 해석합니다. 내겐 공산주의 그러면 포악한 동물입니다. 그건 왜 내가 그렇게 말하나 하면 이 계시 때문입니다. 북쪽에서 포악한 동물이 내려온다는 건 바로 그 유물적인 것입니다.

내가 이북에 있을 때, 김일성이 정부를 세우고 10개조의 강령을 내놨습니다. 제1조가 뭐냐 하면 '인민공화국의 수도는 서울이다', 이렇게 돼있었습니다.[2] 지금은 인민공화국의 수도는 평양이다 그러지만 처음에는 인민공화국의 수도는 서울이다 그랬습니다.

요전에 김대중이 김정일을 만나러 갔을 때 북한사람들이 꽃을 들고서 만세, 만세 하는데 그때도 김정일 만세지, 김대중 만세가 아니었습니다. 말하자면 김정일이 딱 서있는데 김대중이 벌벌 기어와서 엎드려 절하는 걸로 그 사람들은 생각하는 겁니다. 이쪽에선 노무현이 가서 뭐 회담했다 그러지만 저쪽에선 그렇게 생각 안합니다. 노무현이 김정일을 배알하러 왔지, 무슨 만나러 오는 게 아니다 이렇게 생각합니다. 그게 북쪽 사람들의 생각입니다.

인민공화국의 수도는 서울이다 그러니까, 자기네들이 38선을

---

2. 북한의 수도는 1972년 12월 27일 명목상 수도 서울시에서 '혁명의 수도' 평양으로 공식 변경되었다.(위키백과)

넘어오는 게 아니라 자기네 수도로 오는 거지요. 그걸 우리 남한 사람들이 알지 못해서 그렇지, 그 사람들 생각은 서울이 수도입니다.

다음 강령 제2조가 뭐냐 하면 우리는 무자비한 투쟁을 한다. 그러니까 남한 사람들은 다 죽여도 괜찮다. 이북에서 200만 명 굶어죽었다는데 김정일이 눈도 깜짝 안합니다. 공산당 아닌 사람들이 굶어죽은 겁니다. 공산당원들은 서울특별시민들입니다. 시골에 있는 공산당원들도 다 먹겠죠. 남한에서 쌀이 가면 다 공산당원들이 먹지, 거기에 있는 굶어죽는 사람들이 먹는 게 아닙니다. 남쪽에서 자꾸 쌀 보내주는 거, 그 사람들 군대 자꾸 먹이는 거 아니겠습니까. 그러니까 우리의 상식으론 그 사람들을 전혀 이해 못합니다.

정말 제1계시에서처럼 38선이 그어졌습니다. 그리고 1950년, 5년 만에 6.25 전쟁이 일어났습니다. 6.25도 우리 남쪽에는 탱크도 없었고, 소총 가지고 싸웠습니다. 북한에는 탱크가 100대 있었습니다. 하여튼 아직도 남에서 북을 침략했다는 겁니다. 자기네들이 남쪽으로 쳐내려왔다고는 안합니다. 그러니까 거기에서는 전부 다 반대로 선전합니다. 요전에 우리가 어디서 일등 했는데도 거기서는 삼등 했다고 합니다. 그러니까 6.25 때도 그 사람들은, 남쪽에서 오니까 우리가 할 수 없이 쳐내려갔다 이렇게 말합니다.

그 함종 목사님이 날 찾아왔습니다. "자, 38선 이북도 뺏았겼

어요. 이제 얼마 있으면 전쟁이 날 거요." 그 목사님도 계시의 뜻을 알기 시작했습니다. 나에게, "남쪽으로 넘어가시오. 남쪽으로 넘어가서 내가 받은 계시를 전해주시오."

난 1945년, 1950년, 이렇게 되니까 한 1960년쯤 돼서는 곧 제3계시가 나타날 거라 이렇게 생각하고는 이화대학 채플, 또 YMCA, YWCA 그리고 국방부에 가서 말해야 되겠다 그래서 국방부 채플에 가서도 말했습니다. 이제 제3차가 온다고. 그런데 지금까지 아무 일도 없습니다. 그래서 요새는 아예 말 안 합니다. 예수님도 때는 하나님만이 알지, 나도 전혀 모른다 하셨습니다.

6.25 전쟁이 나기 닷새 전에 서울시 사회국장이 조만식 선생의 비서였습니다. 나하고 아주 가깝게 지냈는데, 6.25 나기 닷새 전에 박학전 목사한테 이 계시를 얘기했습니다. 그리고 닷새 후에 6.25가 터졌습니다. 그리고 박학전 목사와 제주도에서 만났는데 거기서 비로소 어떻게 그렇게 들어맞냐, 어떻게 맥아더가 인천으로 와서 38선 이남을 다시 찾았냐, 신비스럽게 생각했습니다.

그 후로 지금까지 아무 소식이 없는데 난 언제 어떻게 될지는 모르지만 하여튼 통일될 거만은 확신確信합니다. 태극기를 흔든다는 건 통일되는 게 확실합니다. 그리고 공산주의가 쓰러지고 민주주의가 이긴다는 것만은 확실합니다. 그게 언제 올지는 모르지만 하여튼 확실합니다. 공산주의는 없어진다는 거, 한반도에서 공산주의는 없어진다, 결국 민주주의가 이긴다는 거는 확실합니다. 인공기는 없어지고 태극기가 전체를 뒤덮는다, 이것만은 확실합니다. 그때까지 내가 살아 있을지 모르지만, 내가 죽은 다음이라도 여러분께서는 확실히 태극기가 이기는지, 인공기가 이기는지 알 수 있을 겁니다. 싸우는 방식도 공산주의와 민주주의가 싸우는 거니까, 어떤 방식으로 싸울지 그건 도저히 알 수가 없습니다. 총과 칼을 들고 나오려는지, 그건 전혀 알 수가 없습니다.

우리에게는 그래도 가장 믿음직한 게 교회라고 생각합니다. 기독교회는 유물주의를 받아들일 수는 없기 때문입니다. 한국의 기독교인이 얼마인지는 모르지만 기독교인들이 역시 민주주의를 지키는 앞장, 선봉이 되자, 그런 의미에서 사상적으로, 신앙적으로 기독교를 지키는 것이 한국을 지키는 데 굉장히 중요하다고 생각합니다. 앞으로 한국의 기독교가 좀 더 정신을 차려서 정말 우상숭배에 빠지지 말고, 기복신앙에 빠지지 말고, 진짜 기독교가 되어야 합니다.

서양의 기독교도 여러 가지가 있습니다. 프로테스탄트도 있고 가톨릭도 있습니다. 옛날 소련에도 기독교가 있었습니다. 희랍정교입니다. 이 기독교 가운데 좀 깬 기독교도 있고, 덜 깬 기독교도 있고, 여러 가지가 있습니다. 제일 중요한 건 깬 기독교가 돼야지, 덜 깬 기독교가 되면 그건 없는 것만도 못합니다.

그러니까 절대 기복신앙만은 우리 기독교에서 던져 버려야 합니다. 기복신앙이라는 게 구약으로 말하면 우상숭배입니다.

또 내 앞에 다른 신을 섬기지 마라. 우리가 이런 사상, 저런 사상, 여러 가지 사상의 지배를 받으면 안 됩니다. 순수하게 믿음으로 살아가야 합니다. 사대주의를 하지 말아야 합니다.

그리고 언제나 기독교는 분열이 되면 안됩니다. 하나가 돼서 싸워야 힘이 되지, 분열이 되면 안 됩니다.

하나님의 이름을 망령되이 부르지 마라, 통일입니다.

내 앞에 다른 신을 섬기지 마라. 사대주의로 가면 안 된다, 독립입니다.

우상을 섬기지 마라. 기복신앙으로 되면 안 된다. 자유입니다.

유교가 들어왔어도 공자의 어질 인仁 자가 한국에서는 서로 미워하는 게 돼서 그걸로 500년을 보냈습니다. 유교국가라 그래서 성균관대학에 대성전을 지어놓고 제사를 지내는 이 나라 사람들이 오백년 동안 실컷 한 게 뭔가 하면 서로 싸우고 죽이는 거였습니다. 소위 사화士禍입니다. 당파싸움입니다. 오백년 당파싸움입니다. 당파싸움 하는 유교를 유교라고 할 수 있겠습니까? 이게 어질 인仁 자, 사람 인人 자의 유교가 될 수 있겠습니까? 이 한국의 유교는 유교라는 탈만 썼지, 이건 유교하고 오히려 반대입니다. 이건 공맹사상孔孟思想이 절대 아닙니다.

불교가 신라 천년 불교라 그러지만 불교가 우리에게 행하는 거는 한국 백성을 깨우는 건데, 불교가 우리나라에 와서 한 게 뭔가 그러면 결국 기복신앙으로 빠지고 말았습니다. 우상숭배지요. 부처님을 나무에도 만들고, 돌에도 새겨놓고, 백 번 절해라. 천 번 절해라. 난 언젠가 신문에 보니까 누가 성철 스님을 찾아가서 어떻게 하면 깨달을 수 있을까요 그랬더니 천 번 절하라. 성철이 왜 그런 말을 했는지 알 수가 없습니다. 신라 천년을 불교가 들어왔다 그러지만 우상숭배지, 불교가 아닙니다.

석가는 죽을 때, 내 그림을 그려도 안 된다, 내 석상을 만들어도 안 된다, 내가 죽으면 화장을 해서 재를 바다에 갖다 뿌려라, 그리고 나를 위해서 탑을 만드는 것도 안 된다, 탑 속에 사리를 넣어도 안 된다, 석가가 죽으면서 다 유언을 했습니다. 그리고 너희는 내가 너희들에게 가르친 진리를, 이 진리만을 밟고 걸어가야 된다, 이게 석가의 유언입니다. 우상을 만들지 마라 해서 오백년 동안 석가의 그림도 그리지 못했습니다. 그림을 그릴 때는 의자 하나만 내놓고는 그냥 비워뒀습니다. 그건 석가가 앉았다 하는 상징이죠. 그렇게 오백년이 지났습니다. 그런데 나중에 힌두교한테 불교가 먹히면서 절간에도, 불교 집에도 이 우상이 생겼습니다. 힌두교한테 먹혀서 우상이 생겼습니다. 그 유언은 다 어디 가고 우상숭배가 되었습니다. 절 안은 절간이 되고. 얼마나 절했으면 절간이라 그러겠습니까. 이건 석가하곤 전혀 관계가 없습니다. 그러니까 신라에 불교가 들어왔어도 이건 원효니 의상이니 몇 사람에게만 들어온 거지, 그 밖에는 아주 불교하고 정반대의 우상숭배, 기복신앙이 되고 말았습니다.

이조는 유교라고 해서 당파싸움, 신라는 불교라고 해서 우상숭배, 고려는 사대주의. 명나라를 섬기는 사람은 명나라 종교, 원나라를 섬기는 사람은 원나라 종교, 청나라를 섬기는 사람은 청나라 종교, 이래가지고 소위 우리나라에 이 종교, 저 종교가 막 섞이는 거였습니다. 이걸 우리가 사대주의라 그럽니다.

내 앞에 다른 신을 섬기지 마라. 내 앞에 이집트 신도, 바빌론 신도 섬기지 마라. 이건 절대 독립을 유지하라는 겁니다. 다른 나라 사람에게 절대 굴복하지 말라는 겁니다. 이집트 금송아지한테 절하기도 하고, 바빌론에 가서는 또 마르두크 신[3]한테 절하고, 다 그렇게 되었습니다. 결국 내 앞에 다른 신을 섬기지 마라 하는 건 그만 무시되고 말았습니다. 다른 신을 섬기게 되고 말았습니다. 그러니까 이 십계명의 세 가지. 너희는 절대 다른 신을 섬기면 안 된다. 절대 우상 섬기면 안 된다. 그걸 못 지킨 사람들이 이스라엘 사람들입니다. 우리도 역시 이조의 당파싸움, 신라의 우상숭배, 고려의 사대주의, 아주 똑같은 역사가 지금 반복되고 있습니다.

내가 요전에 그랬지만 유엔이 생겨서 이스라엘이 독립하게

---

3. 마르두크(Marduk)는 고대 메소포타미아의 신으로 위대한 도시 바빌론의 수호신이다. 기원전 18세기 함무라비왕 시대부터 바빌로니아의 여러 신 가운데 주신主神의 역할을 하였고, 나중에 수메르의 신 벨과 합쳐져 '벨 마르두크'로 숭배되었다.

되고, 1948년에 우리도 또 독립을 했습니다. 우리도 처음으로 한국말을 제대로 쓸 수 있는 자유를 얻게 되고, 우리도 또 유엔에 다 태극기를 걸게 되었습니다. 이제 통일까지 되면 우리는 정말 굉장히 아름다운 나라가 될 것입니다. 왜 한국이 선택을 받았다고 생각하느냐 하면 그 계시 때문입니다. 옛날 아브라함이나 모세에게 했던 계시를 하나님께서 우리에게도 보여주셨다는 것입니다.

유영모 선생님이 YMCA에 앉아서 지나가는 사람들 들어와서 들어라 했지만 듣는 사람 많지도 않았습니다. 한 백오십 명 왔습니다. 우리 유영모 선생님도 그랬습니다. 여기 오는 사람들을 통해서 국민들에게 전한다라고. 나도 국민들에게 말하는 거지, 여기 오는 사람들만을 위해서 말하는 거는 아닙니다. 그건 일제시대 때 목사님들도 다 그랬습니다. 예배 볼 때 반드시 〈천부여 의지 없어서〉 그 찬송가 한 장은 꼭 했습니다. 왜? 애국가거든요. 우리 애국가를 누가 썼나 하면 안창호 선생님입니다. 도산 안창호 선생님이 썼습니다. 하나님이 보우하사 우리나라 만세. 그 애국가의 곡조가 〈천부여 의지 없어서〉 그 찬송하고 같습니다. 일제가 애국가를 못 부르게 하니까 교회에서는 〈천부여 의지 없어서〉 하면 우린 다 애국가 부른다 생각하고 불렀습니다.

목사님들이 설교하면 국민을 깨워서 독립하겠다는 설교지, 무슨 개인이 복 받겠다는 게 아니었습니다. 그러니까 그때 목사님들 설교가 전부, 또 도산 안창호 선생님이 설교할 때도 거기 온 사람들에게만 하는 설교가 아니었습니다. 온 국민에게 하는 설교였습니다. 고당 조만식 선생님도 마찬가지입니다. 그때 모든 목사들은 다 국민을 깨우친단 거였지, 어느 몇 사람을 깨우친다, 그 생각이 아니었습니다. 유영모 선생님이 40년을 설교한 것도 온 국민을 상대한 거지, 어떤 사람을 상대한 게 아니었습니다. 나도 또 유영모 선생님 뒤를 따라서 지금까지 말하고 있습니다. 나도 한 40년 했습니다. 52세부터 시작을 했습니다. 나도 여러분에게 지금 말하지만, 여러분을 상대하는 게 아닙니다. 여러분 배후에 있는 국민을 상대하는 것입니다.

　우리가 지금 책을 만드는데 그걸 만들어봤댔자 팔리지도 않을 것입니다. 인쇄 값도 나오지 않을지도 모릅니다. 그래도 아무 말 안하는 게, 그렇게 해서라도 온 국민이 읽을 기회를 줘야 되지 않나 하는 것입니다. 요전에 카자흐스탄에서 한 사람이 여기 왔습니다. 여기 와서 나보고 인사를 하고 이게 카자흐스탄에서 난 꿀이라고 꿀 한 병을 가져왔습니다. 꿀이 목에 좋으니까 아침마다 한 순갈 먹고 나와서 강의하라 하더군요. 그러면서 내가 선생님 책을 읽고서 얼마나 행복한지 모른다. 오늘 여기 찾아온 것도 그 고마운 마음을 전하러 왔다는 겁니다. 책이라는 게 무서운 겁니다. 단 한 권이 팔렸어도 카자흐스탄까지 가서 거기 사람들이 읽고 읽으면서 생각하게 되니. 그래서 난 책이 팔리건 안 팔리건 그게 문제가 아니라 다만 한 사람이라도 이 책을 보고, 오늘 내가 말하는 것도 책으로 나오니까 이 책을 읽고서 한 사람이라도 좋으니까 그 사람이 깬다면 이게 내게는 가장 큰 행복입니다.

내 사명이 뭔가? 한국 사람 한 사람이라도 좀 깨워주고 싶다, 그게 내 사명이지 다른 게 뭐 있겠습니까. 난 복 받는다는 거는 별로 관심이 없습니다. 이만큼 복 받았으면 됐지 뭘 더 바라겠습니까. 단 한 사람이라도 우리가 깨서 한국 사람들이 다른 나라 사람과 비교해서 깨끗하다, 한국 사람들은 외국 사람들이 봐서 깨끗하다, 그런 인상을 가졌으면 좋겠습니다. 한국 사람은 정직하다, 어디에서 한국 사람을 만나도 한국 사람은 정직하다. 난 정직한 걸 아주 좋아하는데, 공산주의의 핵심이 거짓말이니까, 공산주의하고 싸우려면 정직하는 수밖에 없습니다. 정직이 거짓을 이길 거다, 그래서 제일 중요한 게 정직입니다. 그리고 세 번째는 한국 사람은 부지런하다. 열심히 일한다. 내가 바라는 건 이 세 가지, 깨끗하다, 정직하다, 부지런하다. 한국 사람들이 아주 대단하다, 그런 말은 오히려 듣기 싫습니다. 한국 사람은 더럽다, 듣기 싫습니다. 한국 사람은 거짓말쟁이다, 그거 듣기 싫습니다. 세수 안 하는 사람은 없겠지만, 한국 사람은 깨끗하다. 한국 사람은 정직하다. 한국 사람은 부지런하다. 그 세 마디. 그 세 마디를 나는 우리 한국 사람들에게 전하고 싶습니다. 그래서 우리 한국이 앞으로 통일이 되어 다른 나라 사람들을 깨끗하게 만들고, 다른 나라 사람들을 정직하게 만들고, 다른 나라 사람들을 근면하게 만들고, 난 그게 복음이라고 생각합니다. 복음을 전한다는 게 다른 게 아니고 다른 나라 사람들을 깨끗하게, 정직하게, 부지런하게, 그렇게 만들면 그게 복음입니다.

자, 그래서 이와 같은 내 마음을 여러분도 좀 아셔서 여러분 한 사람 한 사람이 사도가 돼서, 선교사가 돼서, 다른 나라 사람들을 깨끗하게, 정직하게, 부지런하게 되도록 그렇게 노력을 하면 난 그게 애국하는 제일 중요한 길이라고 생각합니다.

오늘 내가 우리 한국에 대해서 중요한 말을 했으니까, 우리 한민족이 앞으로 굉장히 큰일을, 세계를 위해 할 거라는 그걸 여러분들이 아셔야 합니다.[4]

4.『성경전서 신약강해』(미간행)

에필로그

하나님의 사랑[1]

1. 인간의 가치

오늘 우리가 그리스도에 대해서 희망을 거는 것은 역시 그 깊이와 참됨 때문입니다. 그런 게 없으면 우리가 희망을 걸 수가 없습니다.

그리스도가 어떻게 2천 년 전에 오셨나? 그리스도가 온다고 하는 건 창세기부터 나옵니다. 그러나 직접 그리스도가 온다 하는 것을 예언한 사람은 역시 이사야입니다.

로마가 희랍을 이기고 희랍의 철학자들이 다 로마에 끌려가서 노예가 됐습니다. 로마는 정말 피로 세운 나라입니다. 에드워드 기번의 『로마제국의 쇠망사』라는 책을 읽어보면, 로마 황제들

---

1. 이 글은 현재鉉齋 김흥호 선생의 서울복음교회(서울 동대문 소재) 설교 녹취록에서 발췌한 것이다. 2008년 3월 7일(금)부터 9일(일) 사이에 네 차례에 걸쳐 설교하셨는데 당시 연세가 90세였다. 같은 해 7월 선생께서는 폐암 수술을 받으셨는데, 이 말씀들은 선생 생애의 마지막 설교가 되었다. 수술 후 2009년에 두 학기를 더 강의하셨다. 첫 학기에 「시편」을, 두 번째 학기에 「로마서」를 마지막으로 강의하시고서, 평생의 강의를 마치셨다. 선생께서는 2012년 2월 5일에 소천 하셨다.

도 제 명에 죽은 사람은 몇 안 됩니다. 다 칼에 맞아 죽고, 자살하고 그랬습니다. 기독교를 제일 박해한 네로 같은 황제는 자기 어머니도 죽이고, 자기 아내도 죽이고, 자기 선생님도 죽이고, 그리고 로마 시내에 있는 기독교인들을 사자 우리에 몰아넣어서 찢어 죽이고, 그런 것을 구경하느라고 수십만 명이 모여 박수갈채를 하고 그런 사람들이었습니다. 그러니까 한마디로 악마의 무리들입니다. 징기스칸이 로마를 쳐들어갔을 때도 로마 인구의 삼분의 일을 죽였다고 합니다. 그런 피에다 피를 더하는 이런 세계에 예수님이 태어났습니다. 그래서 예수님의 십자가의 피로 영원히 피를 말리고 마는[2], 그런 시대가 시작되었습니다. 그전까지는 인간의 인격이라고 하는 걸 하나의 흙덩이처럼 생각했습니다. 죽이고, 빼앗고, 겁탈하고, 그걸 그저 밥 먹듯 그렇게 했습니다. 그런데 예수님이 오셔서 인간의 가치가 한없이 존엄하다는 걸 깨닫게 해주셨습니다.

인간은 한없이 존엄하다.
인간은 한없이 신성하다.
인간은 한없이 신비하다.

그래서 기독교 철학자 칸트는, 인간은 목적으로 대하지, 수단으로는 절대 대할 수 없다, 그런 말을 했습니다. 그래서 인간의 인격이 보장되고, 자유가, 민주주의가 차차 발달해서 현대까

---
2. "더 이상 피를 흘리지 않는"의 뜻

지 오게 되었습니다. 오늘날 우리가 민주주의를 구가하고 자유를 누리는 것도 다 예수님 덕이라고 생각됩니다. 예수님의 그런 고상한 사상이 없었으면 그런 생각은 인류가 할 수 없는 거였습니다. 인간이 이렇게 고상하고, 이렇게 신성하고, 이렇게 신비하다는 걸 사람들은 알지 못했습니다. 로마 사람들도 몰랐고, 희랍 사람들도 알지 못했고 다 알지 못했습니다. 그런데 그리스도가 그걸 알고서 자기의 피로써 피를 말리고, 부활로써 다시 새로운 생명을 우리에게 불어 넣어주었습니다. 그러니까 그리스도의 공로라 그럴까요, 우리가 그것을 아무리 높게 평가해도 부족하다 할 것입니다. 인류의 역사는 4천 년이건 6천 년이건 계속 그리스도를 기다리는 그런 역사라고 볼 수 있습니다. 그러다 그리스도가 왔고, 그리스도를 통해서 새로운 인간관이 형성되는 그런 시대에 지금 우리가 2천 년을 지나고 있는 것입니다.

2. 예수의 재림

우리가 이조 시대에 태어났으면 자유라는 거 알 수가 있나요? 전혀 모릅니다. 민주라는 건 생각도 못하죠. 우리가 지금 이 시대에 태어났기 때문에 자유니 민주니 그러지, 백 년 전에만 태어났어도 그런 건 전혀 없었습니다. 그러니까 우리가 정말 좋은 때 태어났습니다. 난 그래서 예수님의 그 '인간 구원'이라는 것을 정말 한없이 높이 평가하고 싶고, 또 하나「데살로니가 전서」5장에 나오는 예수님의 재림³, 나는 그걸 또 믿습니다.

3.「데살로니가 전서」5장

교우 여러분, 그 때와 시기에 대해서는 여러분에게 더 쓸 필요가 없습니다.
주님의 날이 마치 밤중의 도둑같이 온다는 것을 여러분이 잘 알고 있기 때문입니다.
사람들이 태평세월을 노래하고 있을 때에 갑자기 멸망이 그들에게 들이닥칠 것입니다.
그것은 마치 해산할 여자에게 닥치는 진통과 같아서 결코 피할 도리가 없습니다.
그러나 교우 여러분, 여러분은 암흑 속에서 살고 있지 않기 때문에
여러분에게는 그 날이 도둑처럼 덮치지는 않을 것입니다.
여러분은 모두 빛의 자녀이며 대낮의 자녀입니다.
우리는 밤이나 어둠에 속한 사람이 아닙니다.
그러므로 우리는 다른 사람들처럼 잠자고 있을 것이 아니라
정신을 똑바로 차리고 깨어 있읍시다.
잠자는 사람들은 밤에 자고 술 마시는 사람들도 밤에 마시고 취합니다.
그러나 우리는 대낮에 속한 사람이므로 정신을 똑바로 차리고
믿음과 사랑으로 가슴에 무장을 하고 구원의 희망으로 투구를 씁시다.
하나님께서는 우리에게 진노를 내리시기로 작정하신 것이 아니라
우리 주 예수 그리스도를 통해서 구원을 주시기로 작정하셨습니다.
그리스도께서 우리가 살아 있든지 죽어 있든지
당신과 함께 살 수 있게 하시려고 우리를 위해서 죽으셨습니다.
그러므로 여러분은 이미 하고 있는 그대로 서로 격려하고 서로 도와주십시오.
교우 여러분, 여러분에게 당부합니다. 여러분과 함께 있으면서 수고하고,
주님의 명령을 받들어 여러분을 지도하고 훈계하는 사람들을 존경하십시오.
그들이 하는 일을 생각해서 그들을 사랑하고 극진히 공경하십시오.
그리고 서로 화평하게 지내십시오.
교우 여러분, 여러분에게 권고합니다. 게으른 사람들을 훈계하고 소심한 사람들을
격려하며 약한 사람들을 붙들어주고 모든 사람을 인내로써 대하십시오.
여러분 중에는 악을 악으로 갚는 사람이 하나도 없도록 하고,
언제나 서로 남에게 선을 행하도록 힘쓰십시오. 또 모든 사람에게 선을 행하십시오.
항상 기뻐하십시오.
늘 기도하십시오.

3. 기독교의 임무

한국에서 불교가 신라와 고려 때 천 년을 거쳐 왔습니다. 유교도 거의 7, 8백 년 거쳐 왔습니다. 나는 앞으로 기독교가 한국을 또 천 년 버티어 가지 않을까 그렇게 생각합니다. 그러니까 이 기독교가 지금 백 년, 2백 년 됐다고 하는데, 이게 문제가 아닙니다. 앞으로 천 년 동안 우리 기독교가 한국을 어떻게 만들어 갈 건가? 다시 천 년 동안 기독교가 이 세계에 얼마나 큰 공헌을 할 수 있는가? 그러기 위해선 기독교가 한없이 순수해져야 합니다. 정말 생명의 샘이 강 같이 흐르게 돼야지, 그냥 쭉정이들만 많이 모여 가지고는 절대 안 된다고 생각합니다. 그래서 앞으로 기독교인들이 앞장 서서 온 세계 사람들을 계몽하고, 동원해

어떤 처지에서든지 감사하십시오.
이것이 그리스도 예수를 통해서 여러분에게 보여주신 하나님의 뜻입니다.
성령의 불을 끄지 말고 성령의 감동을 받아 전하는 말을 멸시하지 마십시오.
모든 것을 시험해 보고 좋은 것을 꼭 붙드십시오.
그리고 악한 일은 어떤 종류이든지 멀리하십시오.
평화의 하나님께서 여러분을 온전히 거룩한 사람으로 만들어주시기를 빕니다.
또 여러분의 심령과 영혼과 육체를 우리 주 예수 그리스도께서 다시 오시는 날까지 완전하고 흠 없게 지켜주시기를 빕니다.(밑줄은 편집자에 의함.)
여러분을 불러주신 분은 진실하셔서 이 일을 다 이루어주실 것입니다.
교우 여러분, 우리를 위해서도 기도해 주십시오.
거룩한 입맞춤으로 모든 교우에게 문안하십시오.
나는 주님의 이름으로 여러분에게 부탁합니다.
이 편지를 꼭 모든 교우에게 읽어주십시오.
우리 주 예수 그리스도께서 여러분에게 은총을 내려주시기를 빕니다.

서 이 지구 문제를 해결하는 수밖에 길이 없다고 생각합니다. 이건 어떤 특정 국가가 할 수 있는 일이 아니라 전 세계가 함께 노력해야지, 다르게는 되지 않을 거라고 생각합니다. 왜냐하면 지금 기독교가 세계적인 종교니까 이건 기독교가 해결해야지, 다른 종교가 해결해라 이건 안 될 것입니다.

4. 기독교는 세계종교다

유태교는 유태 사람의 종교지, 세계종교가 아닙니다. 세계종교로는 지금 기독교 하나입니다. 그러니까 세계종교인 기독교가 이 문제를 정말 담당하고, 책임지고, 해결해야 그리스도를 다시 우리가 모시게 되지, 그렇지 않으면 안 될 거라고 나는 생각합니다. 오늘 성경 갈라디아서 2장 20절 참 좋은 말씀입니다. "내가 그리스도와 함께 십자가에 못 박혀 죽었으니, 이제 내가 사는 게 아니라 그리스도가 내 안에서 산다." 그 말씀이 나는 얼마나 좋은지 모릅니다.

5. 하나님의 계시

난 정말 특별히 하나님의 도움으로 하나님의 계시를 한번 받게 되었습니다. 기독교의 핵심이 뭔가 하면 '계시'입니다. 이 계시를 가진 종교는 기독교 밖에 없습니다.[4] 불교에 계시는 없습니다. 유교, 물론 없습니다. 도교, 물론 없습니다. 거긴 다 하나님이 없으니까요. 불교에도 하나님이 없고, 유교에선 그냥 한울 그러지, 거기엔 하나님이란 말이 없습니다. 도교에는 도라 그러지, 거기에도 없습니다. 하나님이라는 '살아계신 하나님'을 믿는 것은 기독교뿐입니다. 그러니까 이 기독교에만 계시가 있습니다.

그래서 키르케고르는 계시 없는 종교를 '종교성 A'라 하고, 계시 있는 종교는 '종교성 B'라고 합니다. 기독교는 '종교성 B'에 속하는 종교입니다.

그런데 제가 받았던 계시는 간단히 말하면 "그리스도가 너를 위해서 십자가에 달려서 죽었다. 그리스도가 널 위해서 다시 살아났다." 계시 받았다는 내용을 간추려 보면 그런 얘기입니다. 그 전에 일본에 가서도 그렇고, 한국에서도 그렇고, 또 유영모 선생님한테서도 그렇고, 많은 가르침을 받았는데도 도통 믿어지지 않았습니다. '예수가 날 위해서 죽었다' 그렇게 말로는 해도 내 마음 속으론 믿어지지 않았습니다. 어떻게 그리스도가 날 위해서 죽었을까 믿어지질 않았습니다. 또 어떻게 죽은 사람이 살아났을까? 그것도 믿어지지가 않았습니다. 나는 그것 때문에 상당히 고

---

[4] 鉉齋 김흥호 선생은 기독교와 타종교의 차이점을 제시할 때 이 말씀을 하신다. 기독교는, 1. 계시종교다. 키르케고르에 의하면 종교성 B의 종교이다. 2. 하나님이라는 신이 있다. 3. 타력종교다.

민했습니다. 난 16살 때부터 설교하기 시작했는데 남 보곤 자꾸 믿으라 그러면서도 나는 속으로 안 믿었습니다. 못 믿는 거였습니다. 그 고민이 굉장히 심했습니다.

그랬는데 내가 35살, 1954년 3월 17일 오전 9시 5분, 내가 하나님의 계시를 받았습니다. 그때 그 계시의 내용이 이제 말한 대로 "예수님이 너 때문에 죽었다. 예수님이 너 때문에 살았다"이거였습니다. 그런 하나님의 말씀을 듣고서는 안 믿을 수가 없었습니다. 아무리 유영모 선생님이 나보고 말해도 난 통 믿을 수가 없었고, 총본塚本이 그렇게 말해도 못 믿었고, 다 못 믿었는데 하나님이 말하는 데에는 어떻게 할 수가 없었습니다. 그래서 그때 정말 내가 처음으로 십자가를 믿게 되었고, 부활을 믿게 되었습니다. 그게 내 인생에 하나의 뭐라 그럴까요. 새로운 출발점이었습니다. 그 전의 내가 죽고, 그다음의 내가 새롭게 사는 거였습니다. 내가 그리스도와 함께 십자가에 못 박혀 죽었으니, 그 전의 나는 십자가에 못 박혀 죽은 거였습니다. 예수가 죽은 것처럼 나도 죽고 말았습니다. 그리고는 그리스도와 같이 사는 거였습니다. 3월 17일 오전 9시 5분, 그것이 딱 요렇게 갈렸습니다. 이런 것을 옛날 사람들은 시간제단時間際斷이라고 했습니다. 기독교로 말하면 카이로스(Kairos)입니다. 나에게는 카이로스란 말이 '칼로 잘린다'는 말입니다. 시간이 칼로 잘렸습니다. 고린도후서 5장 17절에 나오는 것처럼, '옛것은 지나가고 새것이 되었도다.'

딱 잘리고 말았습니다. 이런 경험, 그래서 내 속에 그리스도의 영이 살기 시작하는 거였습니다. 그리스도가 내 안에 살기 시작하는 거였습니다. 그래서 저 로마서 8장 11절에 있는 말씀처럼, 그리스도의 영이 내 안에 있으면 내 영도 살리시고, 내 정신도 살리시고, 내 마음도 살리시고, 내 죽을 몸도 살리시리라, 이렇게 되었습니다.

나는 그 전에 공동묘지에 네 번 갔던 사람입니다. 이런 병 저런 병 앓아보지 않은 병이 없었습니다. 계속 병으로 일 년 중 직장인 학교에 두 달 동안은 못 나갔습니다. 그렇게 병으로, 병으로, 정말 내 몸 전체가 하나의 병원이었습니다. 폐도 아프고, 위도 아프고, 간도 아프고, 어디 안 아픈 데가 없었습니다. 그렇게 아주 심각한 병 속에서 살던 내가, 로마서 8장 11절, 그리스도의 영이 내 안에 있으면 내 영도 살겠고, 내 정신도 살겠고, 내 마음도 살리고, 내 죽을 몸도 살리시리라. 이 말이 나에게 구체적으로 실현이 되는 거였습니다. 그래서 이제 갈라디아서 2장 20절, 그 말이 내 현실이 되었습니다. 이 성경이라는 건 자기 말이 되는 거, 이게 중요합니다. 내 말이 돼야 그게 하나님의 말씀이지, 성경에 써있다고 하나님의 말씀이 아닙니다. 내 말이 될 때, 갈라디아서 2장 20절이, 그게 내 말이 될 때, 로마서 8장 11절이 내 말이 될 때, 그럴 때 하나님의 말씀이 드러납니다. 그리스도의 영이 내 안에 있으면 내 죽을 몸도 살리리라. 그다음부터는 일체 병이 없어지고 말았습니다. 그래서 난 그날 내가 누군지를 알게 됐고, 그날 나는 모든 병에서 벗어났습니다. 그때의 나의 경험을 '나알 알나' 이렇게 표현합니다. '나알' 하는 건 내가 누군지 알게 되었다 하는 거고, 다음 '알나'는 '앓다 나았다' 하는 것입니다.

갈라디아서 2장 20절, 그리스도가 나와 같이 죽었으니 이제 내가 사는 게 아니고, 그리스도가 내 안에서 산다. 그리스도가 내 안에서 사니까 내 정신도 살아나고, 내 육체도 살아난다.

바울이 다메섹에서 그리스도를 만난 이 경험을 근본경험이라고 합니다. 기독교에서 가장 중요한 게 뭔가 하면 근본경험입니다. 이 근본경험이란 걸 하게 되어야, 내가 그리스도와 같이 십자가에 못 박혀 죽고, 그리고 내가 그리스도와 같이 부활해서 살게 되는 것입니다. 이건 말로 해서 되는 것도 아니고, 우리가 하나님 앞에서 하나의 근본경험을 해야 얻어지지, 그렇지 않으면 얻어지지 않는 것입니다.

6. 애국적 기독교

내가 정말 한 살 나서부터 지금 구십이 되도록 계속 교회에서 살아왔습니다. 이렇게 교회에 다니면서 내가 받은 은혜는 한없이 큽니다. 어떻게 내가 교회를 이렇게 다니게 됐는지, 난 정말 하나님께 감사합니다.

내가 교회에 다니면서 제일 좋았던 것은 훌륭한 선생님을 많이 만난 것입니다. 인도 사람들은, 사람이 이 세상에 강아지로 태어나지 않고 사람으로 태어났다. 이게 얼마나 행복한 건지 모른다. 사람으로 태어났다는 게 제일 행복한 거고, 둘째로는 선생님을 만나는 게 제일 행복한 거다, 그게 인도 사람들의 생각입니다. 그러니까 사람의 일생에 선생님을 만난다는 것처럼 행복한 건 없습니다.

그런데 난 어렸을 때부터 좋은 선생님을 많이 만났습니다. 여기서 누구라 그래도 여러분은 모르겠지만 여러분이 대표적으로 알 수 있는 사람은 아마 도산 안창호 선생일 것입니다. 내가 중학교 다닐 때 도산 안창호 선생님을 만났습니다. 그리고 고당 조만식 선생님의 도움으로 많은 지도를 받았습니다. 또 그때 아주 좋은 목사님들도 참 많았습니다. 이 분들이 가지고 있는 공통된 점이 뭔가 하면 국가를 사랑하는 거였습니다. 그러니까 그때는 예수 믿어도 나라를 위해서 믿었지, 자기를 위해서 예수 믿지는 않았습니다. 도산 안창호 선생님은, 자도 나라를 위해서 자고, 밥을 먹어도 나라를 위해서 먹고, 그런 분이셨습니다. 그러니까 도산 안창호 선생이 무슨 말을 해도 나라를 살리기 위해서 했지, 무슨 자기 개인적으로 말한 건 하나도 없습니다. 도산 안창호 선생님 말씀은 언제나 그거였습니다. 그때 도산 안창호, 고당 조만식뿐만 아니라 모든 목사님들이 나라를 위해서 예수 믿는 거였지, 개인을 위해서 예수 믿는 거는 아니었습니다. 그때는 예수 믿는다고 하는 거하고 애국하고가 같았습니다. 마치 충무공 이순신 장군이 나라를 위해서 목숨을 내걸듯이, 그때는 예수 믿는 것이 다 목숨을 내걸고 믿는 거였습니다. 그러니까 예수 믿는다는 게 얼마나 생기 있고, 씩씩하고, 활발했는지 정말 좋았습니다.

유영모 선생님도 YMCA에서 길 가는 사람들을 붙잡고 성경 강의를 45년 하셨습니다. 그런데 선생님 댁이 어디 있었나 하면 저 자하문 밖이었습니다. 종로에 있는 YMCA까지 걸어오는 데 꼭 두 시간이 걸렸습니다. 두 시간 와서 두 시간 강의하고, 두 시간 또 걸어서 가는 거지요. 그런데 어떤 때는 듣는 사람이 한 사람도 없을 때도 있었습니다. 선생님 혼자서 두 시간 기다리다가 안 오면 그냥 가는 겁니다. 그래서 그때 내가 함석헌 선생더러 선생님이 왔다 그냥 가시면 죄송해서 안 되니까 내가 못 올 때는 함석헌 선생이 좀 나오시고, 함석헌 선생 못 올 때는 나한테 연락하면 내가 꼭 나가겠다, 그래서 어떤 때는 나 혼자서, 아니면 함석헌 선생 혼자서 들을 때도 많았습니다. 그런데 그래도 선생님은 좌우간 45년을 계속 그렇게 강의를 하셨습니다.

선생님의 강의 내용은 성경을 가르치는 거보다도 성경을 통해서 우리나라를 깨우기 위해서, 그게 유영모 선생님의 목적이었습니다. 45년 동안 선생님이 무슨 월급을 받았겠습니까. 무슨 강사료를 받았겠습니까, 아무것도 안 받고 그냥 계속 가르치시는 거였습니다. 어디서 그런 힘이 나오나? 애국심이죠. 나라를 깨우기 위해서는 내가 이걸 해야 되겠다 하는, 그런 애국심 때문에 하는 거였습니다. 그러니까 유영모도 애국심, 김교신도 애국심, 이게 다 애국심입니다. 애국심에서 나오는 신앙이지, 자기가 무슨 복 받겠다, 이런 생각은 하나도 없었습니다. 이런 걸 뭐라고 할까 '주체적인 신앙'이라고 해야 되겠습니다. 나라를 사랑하는 신앙입니다. 우리 집 안방을 걸레질 하면서도 내가 우리 집을 걸레 친다, 이렇게 생각하는 게 아니고, 나라의 한 모퉁이를 내가 걸레를 치고 있다, 이렇게 생각하면 됩니다.

그러니까 우리가 생각을 좀 바꿔야 합니다. 나를 위해서 사는 게 아니라 나라를 위해서 산다. 나를 깨우는 게 아니라 나라를 깨우기 위해서. 그렇게만 생각하면 훨씬 더 우리가 아름답고 기쁘게 살 수가 있습니다. 그래서 내가 일본 가서는 내촌, 총본, 또 여기서는 안창호 선생, 조만식 선생, 유영모 선생, 이런 분들을 통해서 일생을 한없이 행복하게, 그렇게 살게 되었습니다.

7. 믿음과 성령

믿음이라고 하는 것은 그저 쉽게 말하면 하나님의 아들이라는 거, 그게 믿음입니다. 우리가 믿음을 통해서 뭐가 되나 그러면 하나님의 아들이 되는 것입니다. 믿음은 바라는 것의 실상이요 하는 건, 내가 바라는 거란 바로, 하나님의 아들이 되는 것입니다. 우리가 더 바랄 게 뭐 있겠습니까. 우리가 사람의 아들이 돼도 행복하지만 하나님의 아들이 되면 또 얼마나 행복하겠습니까. 그러니까 우리가 하나님의 아들이 되는 거 이게 믿음의 내용입니다. 또 보지 못하는 것의 증거는 하나님의 아들이 돼서 이 세상에서만 사는 것이 아니라 나중에 죽은 후에는 하나님 나라에까지 가는 겁니다. 우리도 그리스도처럼 부활해서 하나님 나라에 가서 예수님께서 바라듯이 의인은 하늘에서 그 얼굴이 해와 같이 빛나리라. 우리도 해와 같이 빛나는 그런 삶을 살기 위해서 믿는 겁니다. 믿음이라는 말 그게 제일 우리에게 중요한 말입니다. 그러니까 믿음으로 구원 얻는다는 것입니다. 사실은 믿음처럼 중요한 게 없습니다.

이제 차차 말하겠지만 이 믿음에 있어서 제일 중요한 것이 성령입니다. 역시 이 성령의 도움 없이는 우리가 이 믿음이라고 하는 걸 유지할 수가 없습니다. 그러니까 성령은 뭐 같은가 하면 마치 물 같은 거고, 믿음은 뭐 같은가 하면 물고기 같은 겁니다. 물고기가 물속에서만 살 수 있는 것처럼 믿음도 성령 속에서만 살 수 있습니다. 성령이라는 말이 좀 알기가 어려우니까 쉽게 말하면 '진리의 영'[5]입니다. '진리의 영'이니까 하나님의 말씀이라

---

5. 요 16:13 그러나 진리의 성령이 오시면 너희를 이끌어 진리를 온전히 깨닫게 하여

고 생각하면 됩니다. 결국 믿음은 말씀 속에서 사는 것입니다. 예수님께서 사람은 떡으로만 사는 게 아니라 말씀으로 산다고 하신 거와 마찬가지로, 동양의 고전에도[6] 사람에게 제일 중요한 게 뭔가? 물고기는 물속에서 살고, 사람은 말씀(도道) 속에서 사는 게 제일 행복하다, 그렇게 돼있습니다. 그러니까 말씀이라는 것은 결국 진리라는 말인데 진리를 알아듣기 쉽게 말하면 물이라 이렇게 생각하면 제일 쉽습니다.

믿음이라고 하는 건 뭔가? 몸의 단계에서 마음의 단계로, 마음의 단계에서 정신의 단계로, 정신의 단계에서 영의 단계로, 거기까지 가야 믿음의 세계가 됩니다. 이렇게 보면 믿음이라는 게 상당히 어려운 것입니다. 이게 정말 문화의 뿌리입니다. 이런 얼이 없으면 정신이라는 게 나오질 않습니다. 이 정신의 뿌리가 얼입니다. 그 얼을 가져야 종교가 철학의 뿌리가 됩니다.

종교가 뿌리고, 종교가 살아나야 철학도 살아납니다. 우리나라에는 철학이 없습니다. 철학이 왜 없나. 우리나라에는 종교라는 뿌리가 없기 때문입니다.

종교가 제대로 돼야 철학이 나오고, 철학이 제대로 돼야 과학

주실 것이다. 그분은 자기 생각대로 말씀하시지 않고 들은 대로 일러주실 것이며 앞으로 다가올 일들도 알려주실 것이다.(밑줄은 편집자에 의함)
6. 김흥호, 『노자 · 노자익 강해』 제4권 제36장 〈물고기가 바다에 있는 것처럼〉 "어불가탈어연魚不可脫於淵" (서울: 사색출판사, 2013), 288쪽.

이 나오고, 과학이 제대로 돼야 예술도 나옵니다.

종교가 문화의 근본이라고, 내가 자꾸 주장하는 이유는 이 문화의 근본이 살아있지 않으면 이웃에서 좋은 문화가 와도 받아들일 수가 없기 때문입니다.

철학 그러면 나를 알자는 거고, 종교 그러면 하나님을 알자는 것입니다. 이 철학의 뿌리가 종교입니다. 반드시 철학이 있을 땐 배후에 종교가 있습니다. 그 종교 없이는 철학이 못 나옵니다. 철학의 아들이 과학입니다. 철학 없이는 또 과학이 못 나옵니다. 과학의 모든 기본 개념은 어디에 있나 그러면 철학입니다. 철학의 근본 개념은 어디에 있나, 종교입니다. 우리가 종교를 가진다는 것, 이것이 모든 문화의 근본을 붙잡는 거가 되는 것입니다. 이게 보통 어려운 문제가 아닙니다. 그래야 이 한국이 살아나지, 이 얼을 붙잡지 못하면 한국이라는 나라가 살지를 못합니다. 이 얼이 한국의 뿌리가 되는 것입니다.

우리가 이 뿌리를 잡으면 우리에게도 철학이 나오고, 우리에게도 과학이 나오고, 우리에게도 예술이 나오고, 자꾸 나오게 됩니다. 그래서 우리나라를 정말 사랑하려면 어떻게 해야 하나? 우리의 뿌리를 살려야 우리나라가 사는 것입니다. 우리 문화의 뿌리를 살리는 겁니다. 우리 민족의 얼을 살려내는 거, 우리 민족의 뿌리를 살려내는 거, 우리나라의 근본을 살리자는 거, 이게 다 복음입니다. 예수의 복음이 바로 인류 문화의 뿌리를 살려내자는 것입니다. 복음은 간단한 일이 아닙니다. 그러니까 예수 믿는다는 것이 보통 일이 아닙니다.

우리가 꼭 생각해야 할 것은 이 복음에서 철학이 나온다는 것입니다. 칸트가 나온다든가, 헤겔이 나온다든가, 이게 다 복음에서 나오는 거지, 복음이 없으면 절대 못 나옵니다. 철학의 뿌리가 복음이니까, 온 인류문화의 뿌리가 복음이라는 걸 알아야 합니다. 복음을 살린다고 하는 것은 인류문화의 뿌리를 살리는 것입니다. 인류를 살리는 것입니다. 그게 인류를 구원하는 겁니다. 예수님이 인류를 구원했다는 것은 인류의 뿌리를 살렸다는 말입니다.

그러니까 우리가 성경 공부한다고 하면, 그저 보통 공부가 아닙니다. 우리 문화의 뿌리를 살리는 그게 이 성경 공부입니다. 그래서 내가 예수 믿는다는 게 반드시 내 문제가 아니고, 우리 민족에게, 우리 국가에게 있어서 아주 근본문제다, 우리가 이렇게 생각하면 될 것입니다. 그래서 날 위해서 믿는 게 아니다, 우리 민족을 살리기 위해서, 우리 국가를 살리기 위해서 우리가 예수를 믿는 거다, 이렇게 깨달아야 합니다.

예수라고 하는 분은 인류를 살리신 분입니다. 예수가 인류를 살리신 분이니까 우리나라도 또 살리실 것입니다. 그러려면 내가 예수를 믿어야 우리나라가 살 것입니다. 그래서 언제나 내 신앙하고 우리나라 신앙하고 이것이 연결이 돼서, 하나가 돼서, 아까 내가 안방을 걸레 치는 게, 내 방을 걸레 치는 게 아니라 나라의 모퉁이를 걸레 친다고 했는데, 그와 마찬가지로 내가 예수 믿는 건 내가 구원 받는 게 아니라 이 나라가 구원 받는 것이라고 생각해야 합니다.

우리나라가 살아난다. 우리나라가 살아나려면 어떻게 해야 살아나겠습니까. 우리 민족의 혼이 살아나야 우리나라가 살지, 우리 민족의 혼이 죽은 다음에는 살긴 뭘 살겠습니까. 우리 민족의 혼을 살리는 것이 믿음이지, 내가 뭐 예수 믿고 천당 가는 거, 그거 아닙니다. 물론 천당도 가야겠지만, 가서 나쁠 건 없겠지만, 우리가 천당 가기 전에 이 세상에서도 뭘 좀 하고 가야지, 거저 천당 가서는, 하나님이 너 세상에서 뭘 했냐 그럴 때 우리가 뭐라고 대답하겠습니까. 제가 우리나라의 뿌리를 살리고 왔습니다. 가서 그렇게 대답해야지 아무것도 안 하고 그냥 왔다 그러면 그거 어떡하겠습니까. 넌 천당에 와 있을 자격이 없다, 너 지옥으로 가라 그러면 지옥으로 가야지요. 그래서 우리가 사는 것이 나를 위해서 사는 게 아니고, 우리 민족을 위해서 사는 것입니다.

8. 하나님이 한국을 택하심

하나님이 이스라엘을 택해서 당신의 뜻을 실현하시는 것처럼 난 하나님께서 한국을 택해서 또 우리나라에서도 훌륭한 사람들을 많이 내어가지고, 결국 한국이 이 아시아의 말하자면 정신적인, 주체적인 나라가 되지 않을까 난 그걸 생각하지 않을 수가 없습니다. 그래서 우리가 기독교를 다시 한 번 한국에서 새롭게 재창조하는, 아까도 로마서 12장 1절, 2절에 너희들은 마음을 새롭게 하여 새 사람이 되라 하는 식으로. 기독교의 특징은 뭐냐 하면 '옛것은 지나가고, 새것이 됐다' 하는 요 '새것'이 되는 거, 이게 소위 생명 아니겠습니까. 생명의 핵심이 뭔가? 새것이 되는 것, 봄에 새싹이 돋아 나오는 것, 이게 생명의 상징이지요. 그러니까 너희 새 사람이 되어라.

옛날 당파 싸움하던 사람들 다 가고, 사대주의도 다 가고, 포로도 다 가라. 그래서 우리가 새 사람이 돼서 이젠 세계를 한번 지도할 만한 그런 지도자가 나와야 합니다. 우리에게도 아인슈타인이 나와야 하고, 스피노자가 나와야 하고, 다 나와야 합니다. 그렇게 우리 문화가 세계적인 문화가 되려면 역시 우리 기독교가 우리나라에 와서 탈바꿈을 해야 합니다. 다시 여기서 부활을 해가지고 새 생명이 돼서, 기독교가 새로운 기독교가 돼서 정말 불교가 못한 거, 유교가 못했던 것들, 그걸 해내야 합니다. 기독교는 다시 기복신앙이 돼도 안 되고, 기독교는 다시 사대주의에 빠져도 안 되고, 기독교는 다시 당파싸움에 시달려도 안 됩니다.

당파싸움이라는 건 뭔가? 통일을 못하게 하는 겁니다. 통일을 못 하게 하는 게 당파싸움입니다. 이조 시대에는 통일이 없었습니다. 우리가 지금 남북이 갈려 있는 것도 당파싸움입니다. 이렇게 갈려 있으니 통일이 안 됩니다.

사대주의를 경계해야 하는 건 내 앞에 다른 신을 섬기지 마라. 절하지 말라는 것입니다. 사대주의에 빠지면 독립을 못하게 됩니다. 딱 독립을 해야 하는데 허리가 부러지고 말았습니다. 여기 절하고, 저기 절하고. 그러니까 고려 시대에는 독립이 없었습니다.

신라시대에는 자유가 없었습니다. 자유가 있어야, 독립이 있어야, 통일이 있어야 이게 나라인데 자유를 빼앗기고, 독립을 빼앗기고, 통일을 빼앗기고서는 나라가 안 되는 것입니다. 고구려 때는 통일도 되고, 독립도 되고, 자유도 됐는데 그걸 당나라에게 빼앗기고 나서는 다 없어지고 말았습니다. 하나의 포로가 되고, 노예가 되고, 당파 싸움하다가 결국에는 일본에게 아주 먹히고 마는 그런 신세가 되고 말았습니다.

그러니까 내 앞에 '다른 신'을 섬기지 마라 하는 건 사대주의를 말하는 거고, '우상'을 섬기지 마라 하는 건 기복신앙을 말합니다.

그리고 통일은 '싸우지 마라'라는 것입니다. 이건 기독교 주기도문의 '하나님의 이름을 거룩하게 해라' 이렇게 됩니다. '하나님의 이름을 거룩하게 하라'는 건 너희가 하나가 돼서, 통일이 돼서 하나님께 영광을 돌려라 이것입니다.

로마서 8장 28절에도 하나님께로부터 '부르심을 받았다'. 혹은 '뽑혔다'. 그 다음 30절에 '의롭다', '영화롭게 하시다'가 나옵니다. 영화롭다, 영광이죠. 이 영광이 통일이고, 의롭다, 이게 독립입니다. 아까 부르심을 받았다, 이건 자유입니다. 그러니까 그 속에 핵심이 세 가지입니다. 통일, 독립, 자유, 이건 바울이 원하는 나라입니다.[7]

우리나라는 이제 두 가지는 받았습니다. 자유도 얻었고, 독립도 얻었습니다. 우리는 이제 나머지, 통일로 가야 합니다. 언제 될지 모르지만 난 꼭 될 거라고 생각합니다. 통일이 되면 제대로 하나님의 이름을 거룩하게 할 수도 있고, 나라가 임할 수도 있고, 뜻이 하늘에서 이루어진 것처럼 땅에서도 이루어질 수 있습니다.

모세는 십계명에서, '하나님의 이름을 망령되이 부르지 마라' 했는데 이걸 예수님께서는 주기도에서 '하나님의 이름을 거룩하게 하옵시며' 이렇게 고쳤습니다. 그리고 '내 앞에 다른 신을 섬기지 마라'는 '나라가 임하게 하옵시며' 이것입니다. 그리고 '우상숭배 하지마라.' 그런 걸 예수님께서는 '뜻이 하늘에서 이룬 것 같이 땅에서도 이루어지리라.' 이렇게 예수님은 그 십계명을 또 예수님대로 그렇게 바꿨습니다.

그러나 핵심은 같습니다. 모세가 보는 나라나, 예수가 보는 나라나 통일, 독립, 자유, 이 세 가지입니다. 바울도 마찬가지입니다. 모세는 모세대로 기록한 거고, 예수는 예수님대로, 바울은

---

7. 롬 8:28 하나님을 사랑하는 사람들 곧 하나님의 계획에 따라 부르심을 받은 사람들에게는 모든 일이 서로 작용해서 좋은 결과를 이룬다는 것을 우리는 압니다.
롬 8:30 미리 정하신 사람들을 불러주시고 부르신 사람들을 당신과 올바른 관계에 놓아주시고, 당신과 올바른 관계를 가진 사람들을 영광스럽게 해주셨습니다.

바울대로 기록했고. 그러니까 기독교의 핵심이 뭔가? 통일, 독립, 자유입니다. '통일'하는 게 '하나님의 이름을 거룩하게 하옵시며'이고, '독립'하는 게 '나라가 임하옵시며'이고, '자유'하는 것이 '뜻이 하늘에서 이루어진 것처럼 땅에서도 이루어지이다'입니다. 이 세 가지가 기독교의 핵심입니다. 앞으로 이 세 가지가 다 이루어지면 한국을 문화수준이 높은 나라로 만들 수 있게 될 것입니다.

9. 대승적 기독교

중국이 대승 불교를 만들었듯이 우리 한국도 대승 기독교를 만들어야 합니다. 그래서 불교보다도 높고, 유교보다도 높고, 도교보다도 높은, 그런 기독교가 나와야지, 그렇지 않으면 다른 나라로 문화가 갈 수가 없습니다. 물은 높은 곳에서 낮은 곳으로 흘러가지, 낮은 곳에서 높은 곳으로 올라갈 순 없습니다. 기독교의 문화가 불교문화보다 낮으면 도저히 전도가 안 됩니다. 기독교의 문화가 불교문화보다 높아야 합니다. 일본은 거의 불교문화입니다. 그러나 우리 기독교의 문화가 불교문화보다 높아지면 일본은 기독교를 받아드리게 될 수밖에 없습니다. 언제나 물은 높은 데서부터 아래로 내려가는 거니까, 높은 기독교를 만드는 것이 우리의 가장 중요한 책임입니다.

그러니까 우리 속에선 절대 당파 싸움이란 있어서는 안 되고, 우리 속에는 사대주의라는 게 있어서도 안 되고, 우리 속에는 우상숭배는 절대 있으면 안 되고. 그런 거 있으면 높은 종교가 될 수 없습니다.

우리 기독교가 정말 하나님의 이름을 거룩하게 하고, 나라가 임하게 하고, 뜻이 하늘에서 이루어진 것같이 땅에서도 이루어지게끔 하기 위해서는 높은 기독교가 되어야, 마치 히말라야의 물이 양자강도 되고, 인더스 강도 되고, 갠지스 강도 되고, 메콩 강도 되고, 다 내려오듯이 우리 한국의 기독교가 높은 히말라야가 되어야 합니다. 이것이 일본으로도 가고, 온 아시아로 퍼지고, 나중에는 전 세계로 퍼져 나갈 수 있어야 합니다. 나는 한국 사람들의 위치가 굉장히 중요하다고 생각합니다. 그래서 하나님이 우리를 뽑았으니까.

여러분, 그렇게 생각해야 합니다. 그 함종 교회 목사님만이 계시를 받은 게 아닙니다.[8] 우리 한국 교회 목사님들이 많이 계시를 받아야 합니다. 그리고 성령의 도움을 받아서 높이 올라가서 내려가는, 그런 기독교가 되어야 합니다. 요새 우리나라 선교사들 만 오천 명이 해외에 나가있다 그러는데 그 숫자가 문제가 아닙니다. 어느 정도 수준의 선교사가 갔는지, 그게 언제나 문제입니다. 그러니까 불교보다도 높고, 유교보다도, 도교보다도 높

---

8. 김흥호 선생은 이 설교에서도 함종 목사의, 우리나라에 관한 하나님의 계시를 전하셨다(〈하나님의 사랑 1〉 2008. 3. 9).

은 사람들이 가야 중국 사람들이 먹혀들지, 낮은 사람들이 가면 아무 쓸데가 없습니다. 그러려면 우리 한국에 있는 교회가 정말 높아져야 하고, 새로워져야 하고, 그게 나라사랑입니다. 이 한국을 높은 나라로 만들고, 그래서 한국의 문화를 통해서 한국을 빛낼 뿐만 아니라 세계를 빛내는 그런 기독교가 돼야 한국을 사랑하는 거지, 그냥 복 받겠다고 기복신앙에만 매달리고, 서로 교파 간에 교인 경쟁해서 남의 교회 가있는 교인도 빼앗아 오고, 이런 식으로 해가지고는, 그건 제일 저질 기독교도 못 됩니다. 말하자면 하나의 미신입니다. 그런 기독교가 되면 절대 안 됩니다. 정말 절대 안 됩니다.

우리의 기독교는 정말 나라를 사랑해서, 이순신 장군이 나라를 위해서 생명을 바치듯이, 우리의 생명을 이 나라의 영광을 위해서 바치는, 우리가 나라의 영광을 위해서 자신을 바친다고 해서 대통령이 되라 뭐 해라 그런 뜻이 아닙니다. 그런 뜻이 아니라 우리 교회에서 진짜 수준 높은 크리스천들이, 대통령이 누가 돼도 정말 잘 인도해줄 수 있는, 그런 크리스천들이 되어야 합니다. 무학 대사가 이성계를 끌고 다니듯이 우리 대통령을 지도할 만한 그런 인물들이 기독교에서 많이 나와야 합니다. 그게 진짜 나라를 사랑하는 것입니다. 그게 하나님의 사랑에 보답하는 유일한 길입니다, 유일한 길. 그래서 아까 로마서 12장 1절에 그걸 위해서 네 몸으로 산 제사를 드려라.[9] 그러니까 우리가 성경 공부만 하는 게 아닙니다. 철학을 하건, 예술을 하건, 과학을 하건, 뭘 해도 좋습니다. 무엇이든지 전부 다 이 나라의 문화를 높일 수 있는 거라면 좋습니다.

저 쪽에서 베토벤이 나왔으면 우리도 베토벤이 나와야 합니다. 저 쪽에서 미켈란젤로가 나왔으면 우리도 미켈란젤로가 나와야 합니다. 꼭 교회만 다니고 성경 공부만 해라, 그렇게 되면 안 됩니다. 그렇게 되면 이건 또 아주 미신입니다. 우리에게 꼭 성경 공부만 해라, 그러는 하나님이라면 왜 우주를 창조했겠습니까. 그렇게 좁게 생각하면 안 됩니다. 우리 교인 가운데 과학자도 나와야 하고, 예술가도 나와야 하고, 철학자도 나와야 하고, 종교가도 나와야 하고, 다 우리 교회에서 나와야 합니다. 그래서 예수 믿는 사람들이 정말 큰 학자도 되고, 뭐도 되고, 뭐도 되고, 이래야지, 밤낮 선교사만 되면 된다, 그렇게 되면 이건 또 저질 밖에 되는 게 없습니다.

10. 대한민국을 위하여

여러분들이 지금 무얼 공부하는지 모르지만 그 공부하는 데

---

9. 롬 12:1 그러므로 형제들아, 내가 하나님의 모든 자비하심으로 너희를 권하노니 너희 몸을 하나님이 기뻐하시는 거룩한 산 제물로 드리라. 이는 너희가 드릴 영적 예배니라.

몰두를 해서 여러분의 공부를 정말 한 단계 높이고, 내가 과학을 한다 그러면 과학의 수준을 높이고, 정말 나중에는 다른 나라의 과학보다 더 높은 과학, 우리에게서도 아인슈타인이 나와야지요. 그래서 과학자로서도 높은 과학자가 되고, 학교 선생을 한다, 그럴 때도 내가 요전에도 그랬지만 학생들을 가르친다, 이렇게 생각하면 안 됩니다. 한국 국민을 가르친다, 그렇게 생각해야 합니다. 우리가 안방을 걸레 치면서도 이건 내 방을 걸레 치는 게 아니다, 한국의 한 모퉁이를 걸레 치는 거다. 학생들을 가르칠 때도 우리 학교에 온 학생들을 내가 가르친다, 이렇게 생각하면 안 됩니다. 한국의 학생들을 가르친다. 이 사람들이 이제 아인슈타인이 돼야 한다. 이 사람들이 이제 미켈란젤로가 돼야 한다. 이 사람들이 베토벤이 돼야 한다. 그렇게 가르칠 때 그게 한국을 사랑하는 거지, 밤낮 교회만 다닌다 그거 아닙니다.

　그런 면에서 여러분들은 좀 대승적인 입장을 가져야 합니다. 밤낮 교회 와서 새벽기도만 하면 된다 하는데, 새벽기도 하는 동안에 좀 통계학도 공부하고, 컴퓨터도 공부하고, 자기 전공을 더 열심히 해야 합니다. 그러니까 교회에서도 너무 교인들의 시간을 빼앗으면 안 됩니다. 너무 교회만 오라고 하면 안 됩니다. 좀 공부도 제대로 할 수 있도록 도와줘야 합니다. 그렇게 해서 우리가 그 사람들의 정신을 깨워주고, 그래서 정말 그 사람들의 믿음이 산 믿음이 될 수 있도록 도와줘야 합니다. 과학이면 과학을 열심히 해야 그게 산 믿음이지, 교회 나온다고 산 믿음이 아닙니다.

우리가 큰 사람이 돼야 합니다. 좌우간 큰 사람이 돼야 이 나라가 정말 큰 나라가 되지, 대한민국이라고 큰 대大 자 붙이길 좋아 하는데 큰 대 자 붙인다고 해서 대한민국 되는 건 아닙니다. 이거 소한민국이지. 여기서 큰 사람이 나와야 대한민국이지, 우리에게도 예수 같은 사람도 나오고, 모세 같은 사람도 나와야 이게 대한민국이지, 그냥 요 좁쌀들만 나와 가지고 무슨 대한민국이겠습니까. 그러니까 우리 기독교가 다시 좀 깨어야 됩니다.

기독교가 다시 회개할 때가 왔습니다. 이제는 우리 기독교의 목사들이 좀 회개할 때가 왔습니다. 이런 식으로 하면 안 되겠다, 이렇게 되면 우리는 소승밖엔 될 수 없다, 우리 이제는 대승으로 나가야 한다, 지금 있는 기독교보다도 한 단계 더 높은 기독교를 우리가 만들어야 한다, 이렇게 돼야 합니다. 그래서 우리나라에서 기독교인이 나왔다 그럴 때는 미켈란젤로도 나오고, 베토벤도 나오고. 이 사람들 다 기독교인이죠. 미켈란젤로도 기독교인이고, 베토벤도 기독교인이고, 다 기독교인입니다. 그 사람들 다 기독교에서 영향을 받아가지고 작곡한 거 아니겠습니까. 바흐만 그런 거 아니잖아요. 베토벤도 다 성령을 받아 넘쳐 나오는 그 창조력을, 이걸 어떻게 주체하나 그러면서 곡을 쓴 사람들이니까. 베토벤, 그 사람 귀가 멀지 않았습니까? 피아노 소리도 못 듣는 사람인데 그 사람이 곡을 썼다, 이거 정말 성령의 도움 아니면 되겠습니까? 자기는 듣지도 못하면서 자기가 쓴 곡을 나가서 연주를 하면 듣는 사람들은 박수를 치고 기립을 하고 그러는데 자기는 그것도 모른다. 박수하는지, 기립하는지도 모른다. 그게 진짜 기독교인입니다.

여러분이 정말 한국을 사랑하기 위해서는 기독교를 사랑하고, 기독교를 믿는 것만으론 안 됩니다. 여러분이 기독교로 정말 살아가야 되고, 살아가서 이 나라 문화에 최고의 봉을 만들어야 합니다. 그래서 그 봉우리에서 철학이 나와야합니다. 그 최고봉에서 과학도 나오고, 예술도 나와서 높은 문화가 창출되어야 합니다.

〈출전 목록〉

『진리로 자유롭게 하리니』〈김흥호 사상 전집 · 기독교 설교집 2〉
서울: 사색출판사, 2009.

『하루를 사는 사람』〈김흥호 사상 전집 · 기독교 설교집 5〉
서울: 사색출판사, 2009.

『영원을 사는 사람』〈김흥호 사상 전집 · 기독교 설교집 6〉
서울: 사색출판사, 2009.

『빛 힘 숨: 십자가 부활 승천』, 요한복음 강해 5,
〈김흥호 사상 전집 · 성경강해 1〉 서울: 사색출판사, 2011.

『노자 · 노자익 강해: 무지 · 무위 · 무욕』제5권,
〈김흥호 사상 전집 · 노장사상 1〉 서울: 사색출판사, 2013.

『성경전서 구약 강해』,〈김흥호 사상 전집 · 기독교 강해〉(미간행)

『성경전서 신약 강해』,〈김흥호 사상 전집 · 기독교 강해〉(미간행)

서울복음교회(서울 동대문 소재) 설교 녹취록, 2008년 3월 7일(금)부터 9일(일)

엮고 나서

마태복음 6장 9~13절
그러므로 너희는 이렇게 기도하라.

하늘에 계신 우리 아버지여, 이름이 거룩히 여김을 받으시오며,
나라가 임하시오며,
뜻이 하늘에서 이루어진 것 같이 땅에서도 이루어지이다.
오늘 우리에게 일용할 양식을 주시옵고,
우리가 우리에게 죄 지은 자를 사하여 준 것 같이
우리 죄를 사하여 주시옵고,
우리를 시험에 들게 하지 마시옵고,
다만 악에서 구하시옵소서.
나라와 권세와 영광이 아버지께 영원히 있사옵나이다.
아멘.

위의 글은 예수님께서 가르쳐주신 기도문이다. 우리는 이 기도를 주기도문, 혹은 주의 기도라고 하며 기독교 교인들에게는

가장 기본적인 기도로서 모르는 사람이 없을 것이다.

우리가 본문에서 읽었듯이 "하나님의 이름이 거룩히 여김을 받으시오며"는 하나님 영광 안에서 하나가 되라는 통일을 가르쳐주시는 것이고, 다음 "나라가 임하시오며"는 하나님 나라로서 독립하라는 것이며, 또 "뜻이 하늘에서 이루어진 것 같이 땅에서도 이루어지이다"는 하나님 나라의 뜻, 곧 자유를 실현하라는 것으로 풀이를 해주셨다. 따라서 통일과 독립, 자유를 가져야만 나라가 될 수 있고, 또 동시에 자주적 인간으로서 내가 될 수 있다.

하나님은 왜 우리 민족에게 그러한 계시를 내려주셨을까?

그것은 우리나라 역사를 통해서 자유가 무엇인지, 독립이 무엇인지, 통일이 무엇인지 확실하게 하시고, 이 땅에서 실현되어 세계와 함께 하도록 하나님께서 계획하시는 것이다. 그러면서 어떻게 그것들을 얻을 수 있는지 우리로 하여금 체득하도록 하시는 것이다.

통일, 독립, 자유는 인간됨의 본질이다. 형이상학이며 정신이다. 그것이 '빛, 힘, 숨'이다. 선생께서는 우리나라 태극기의 태극 속에는 이 통일과 독립과 자유의 사상이 들어있다고 하신다. 무극은 통일, 태극은 독립, 양의는 자유라고 하신다.

프랑스 혁명에서는 자유(Liberté), 평등(Égalité), 박애(Fraternité)가 탄생했지만 우리나라는 자유, 독립, 통일이다. 자유는 자유이고, 평등은 독립일 것이다. 각자 주체적 자기로서, 독립된 자기로서 우리는 평등한 것이다. 독립은 인간으로서의 존엄성이 인정되고, 인정받고, 지켜가는 평등함의 기초이다. 박애博愛는 사랑, 혹은 우애友愛라고도 한다. 사랑은 전 인류를 하나로 통일시켜준다. 이것은 그대로 국가에게도 해당된다. 그래서 자유, 평등, 박애는 그대로 미국의 헌법에 기초가 되었다. 우리나라의 헌법도 이것에 기초해 있다.

그러나 우리나라는 불행하게도 하나가 되지 못하고 있다. 국토는 반 토막이 나서 서로 적국이 되었다. 사람들도 서로 적이라 부른다. 북한에는 자유, 평등, 박애라는 정신이 없다. 국가의 헌법에도 없고, 개인에게도 없다. 그러나 다행히 남한에는 자유와 평등과 박애가 있다. 자유와 독립이 있고 반 토막이지만, 불완전하지만 통일도 있다. 하나님께서는 언젠가는 우리도 완전한 통일을 하게 된다는 것을 계시를 통해서 보여주셨다. 당연히 하나님의 뜻은 한국의 자유민주주의에 의한 통일에 있다. 남한의 자유롭고 주체적이며 사랑이 있는 곳에, 이곳으로 통일이 이루어질 것이다. 하나님의 뜻이 어디에 있는지 우리는 안다. 우리는 하나님을 믿고, 하나님의 힘을 가지고 악마의 무리들과 싸워 이겨야 하고, 이길 것이다.

현재鉉齋 김흥호金興浩 선생께서는 생전에 얼마나 통일을 보고 싶어 하셨는지 모른다. 선생께서는 함종 목사의 계시를 굳게 믿으셨고, 제3의 계시가 실현되기를 간절히 기다리셨다. 전쟁이 날 수도 있고 많은 사람들이 전쟁의 고난을 겪을 수도 있지만 통일만 된다면 그런 것은 문제도 아니라고 하셨다.

그러나 아직까지도 제3의 계시는 실현되지 않고 있다. 우리는 얼마나 더 기다려야 그때가 올지 모른다. 그러나 기다리고 있다. 준비하고 기다리고 있다. 때가 곧 올 것이다. 데살로니가 전서에서 말하듯이 깨어있어야 한다.

때가 가까워 오고 있는 것 같다. 선생께서는 생전에 이 계시를 널리 많은 사람들에게 전하고 싶어 하셨다. 선생의 말씀에는 계시뿐만 아니라 하나님께서 이 백성을 택하신 이유가 무엇인지를 천명하고 계시다. 그것은 우리나라가 22세기에는 세계를 이끌어갈 국가가 된다는 것이다. 아직은 한반도가 지정학적으로 강대국에 둘러싸인 약소국처럼 보일지 모른다. 그러나 선생께서 말씀하시는 22세기가 되면 우리나라는 이 주변국의 중심에 우뚝 서서 '빛과 힘과 숨'을 내뿜는 하나님의 나라가 될 것이다. 그런 의미에서 우리는 물리쳐야 할 악마와의 싸움, 그 핵심에 있다는 것을 깨달아야 한다.

우리나라 사람들은 하나님의 뜻을 아는 백성이다. 아직 철이 좀 덜 든 부분도 있어 선생께서는 안타까워 하셨지만 반드시 깨닫고 성숙한 백성이 될 것이라는 희망을 갖고 계셨다. 선생께서는 철이 들어야 한다, 성숙해져야 한다고 늘 말씀하셨다. 그러한 선생의 뜻을 알리고, 선생께서 말씀하시는 '자유, 독립, 통일'의 정신을 모색하고 지켜나가기 위해 이 책을 내게 되었다.

선생께서 지금도 우리 곁에서 이 말씀을 하고 계신 듯하다.

2019년 9월 27일　편집자 씀

계시의 한국
자유·독립·통일

지은이 | 김홍호
발행인 | 임우식
기획 편집 | 이경희·임우식

1판 1쇄 발행 | 2019년 10월 31일

발행처 | 사색 출판사
전화 | 010-3017-8628 팩스 02-6442-9873
홈페이지 | www.hyunjae.org
이메일 | gabeim@hanmail.net
인쇄 | !nDefine

Copyright ⓒ 김홍호 2019, Printed in Korea.
값 13,000원

ISBN 978-89-93994-28-5

*저자와의 협의에 따라 인지는 생략합니다.
*잘못된 책은 바꿔드립니다.
*이 도서의 국립중앙도서관 출판시도서목록(CIP)은 e-CIP 홈페이지
  http://www.nl.go.kr/cip.php에서 이용할 수 있습니다.
  (CIP제어번호: CIP2019043013)